老年健康服务产业
高质量发展战略路径研究

陈菲 著

重庆大学出版社

图书在版编目（CIP）数据

老年健康服务产业高质量发展战略路径研究 / 陈菲著.
-- 重庆 : 重庆大学出版社, 2023.2
ISBN 978-7-5689-3514-2

Ⅰ. ①老…　Ⅱ. ①陈…　Ⅲ. ①养老—社会服务—服务
业—发展战略—研究—中国　Ⅳ. ①F726.99

中国版本图书馆CIP数据核字（2022）第156986号

老年健康服务产业高质量发展战略路径研究

陈菲　著

策划编辑：胡　斌

责任编辑：胡　斌　　版式设计：胡　斌
责任校对：邹　忌　　责任印制：张　策

＊

重庆大学出版社出版发行
出版人：饶帮华
社址：重庆市沙坪坝区大学城西路21号
邮编：401331
电话：（023）88617190　88617185（中小学）
传真：（023）88617186　88617166
网址：http://www.cqup.com.cn
邮箱：fxk@cqup.com.cn（营销中心）
全国新华书店经销
重庆紫石东南印务有限公司印刷

＊

开本：720mm×1020mm　1/16　印张：10.25　字数：170千
2023年2月第1版　　2023年2月第1次印刷
ISBN 978-7-5689-3514-2　定价：68.00元

重庆市社科联哲学与社会科学规划项目：
重庆市城市空巢老人社区家庭医生式养老服务模式研究（2013YBSH048）

重庆市教委人文社科项目：
提升"老有所医"获得感的医养结合服务供给机制研究（18SKGH019）

重庆市教委人文社科项目：
社区家庭医生式养老服务协同供给机制研究（15SKG028）

重庆市渝中区科技计划项目（决策咨询与管理创新）：
重庆市健康服务产业供给优先序研究（20170146）

重庆市民盟重庆市委合作调研课题：
老年健康产业发展现状与模式研究（20160301）

序

　　"病有所医、老有所养"是人民在共建共享发展中拥有更多获得感的重要体现。随着健康中国战略的提出与老龄化程度的加深，老年健康服务需求将进一步释放，老年健康需求不断增长与服务供给不充分、不平衡之间的矛盾日益凸显，如何提升老年群体的健康获得感，已成为当前健康老龄化建设急需解决的问题。高质量发展老年健康服务业不仅能够促进老年人群健康水平、节约医疗资源、带动相关健康产业发展，同时对于应对我国当前老龄化问题、控制老年医疗费用成本、满足多样化和高质量老年健康服务需求和建设健康中国具有重要意义。因此，本书在老年健康服务产业政策分析的基础上，基于供给和需求双视角，探讨老年健康服务产业供给与需求间际关系，为实现老年健康服务供给与需求有效对接、完善老年健康服务产业政策建设、推进中国老年健康服务业高质量发展提供科学依据。

　　作者从 2013 年至今一直从事老年健康服务的教学与研究工作。在本书的撰写过程中，尽量做到将老年卫生政策知识体系的完整性与老年健康服务实践应用的深入性相结合，研究内容结构的严密性和学术领域动态的前沿性相结合，一方面希望为老年卫生领域的研究者提供老年健康服务产业链逻辑的系统性研究框架和多维理论工具，另一方面可为实践领域的工作者优化老年健康服务产业政策提供参考和借鉴。

陈　菲

2022 年 7 月于重庆渝中

前言

实施积极应对人口老龄化国家战略，完善老年健康支撑体系，大力发展银发经济，把健康老龄化理念融入经济社会发展全过程是党和政府践行积极老龄观，推动全社会积极应对人口老龄化格局初步形成，提升老年人获得感、幸福感、安全感的重要举措。随着健康中国战略的提出与老龄化程度的加深，老年健康服务需求将进一步释放，老年健康需求不断增长与服务供给不充分、不平衡之间的矛盾日益凸显，如何提升老年群体的健康获得感，已成为当前健康老龄化建设急需解决的问题。老年健康服务业，以老年消费者健康需求为导向，以多元目标取代单一经济目标，是未来老龄化社会极具发展潜力的战略性新兴产业。老年健康服务兼具公共和私人双重属性，在健康服务普遍采取公共福利形式提供但效率低下的大背景下，老年健康服务业的发展如何突破公共概念、发挥市场机制优势，具有典型意义。发展老年健康服务业不仅能够促进老年人群的健康水平、节约医疗资源、带动相关健康产业发展，而且对于应对我国当前老龄化问题、控制医疗费用成本、满足多样化和高质量健康服务需求与建设健康中国具有重要意义。因此，本书在老年健康服务产业政策分析的基础上，基于供给和需求双视角，探讨老年健康服务业供给与需求间际关系，为实现老年健康服务供给与需求有效对接、完善老年健康服务产业政策建设、推进中国老年健康服务业高质量发展提供科学依据。

目录
CONTENTS

第 1 章　老龄化带来的产业机遇　001

　　1.1　老龄化带来的健康风险　001

　　1.2　新时代背景下老年人健康服务新需求　003

　　1.3　新时代老年健康服务产业发展新机遇　005

第 2 章　老年健康服务产业理论研究　008

　　2.1　老年健康服务产业研究基础理论　008

　　2.2　老年健康服务业内涵及市场特征　010

　　2.3　老年健康服务业供给机制　017

　　2.4　老年健康服务业发展的动力机制　018

第 3 章　国内外老年健康服务产业实践的启示和经验　022

　　3.1　国外老年健康服务产业发展实践的启示　022

　　3.2　中国老年健康服务产业发展实践的经验　030

第 4 章　中国老年健康服务产业政策研究　036

　　4.1　中国老年健康服务产业政策演进历程　036

　　4.2　中国老年健康服务产业政策工具分析　048

　　4.3　中国老年健康服务产业政策优化建议　064

第 5 章　老年人健康服务需求及支付意愿调查研究　066

　　5.1　老年健康服务需求分析　066

　　5.2　老年居民健康服务支付意愿及其影响因素分析　070

第6章　老年健康服务获得感研究　074

6.1　老年健康服务获得感内涵　074

6.2　构建老年健康服务获得感评价指标体系　075

6.3　老年健康服务获得感评分　094

6.4　老年健康服务获得感影响因素分析　097

6.5　提升老年人健康服务获得感的建议　111

第7章　老年健康服务业供给优先序研究　116

7.1　基于政府供给视角的老年健康服务业供给优先序　116

7.2　基于市场供给视角的老年健康服务业供给优先序　118

7.3　基于第三部门视角的老年健康服务产业供给优先序　120

第8章　老年健康服务人力资源供给研究　128

8.1　国外老年健康服务业人力资源培养的探索和经验　128

8.2　国内老年健康服务业人力资源培养的探索和经验　130

8.3　重庆市老年健康服务人力资源供给现状　131

8.4　重庆市老年健康服务人力资源供给存在的主要问题　133

8.5　完善重庆市老年健康服务人力资源供给路径　135

第9章　老年健康服务产业高质量发展战略路径　139

9.1　提供制度保障和政策导向　139

9.2　完善服务标准体系和服务制度　141

9.3　增强风险防控能力和监管水平　142

9.4　强化政府投入责任和拓宽多元化筹资渠道　143

9.5　增加新型健康保险供给和健全健康保障机制　145

9.6　增加老年健康服务从业人力资源供给　145

9.7　充分发挥信息化技术推动老年健康服务智慧化供给　146

参考文献　149

后记　155

第1章 老龄化带来的产业机遇

随着社会经济发展水平的提高和老龄化程度的加深，老年人面对环境挑战的脆弱性和疾病风险将会增加，同时对健康服务的需求会越来越多元化，这种需求所带来的潜在市场容量非常可观，是老年健康服务产业高质量发展的重要契机。

1.1 老龄化带来的健康风险

1.1.1 全球老龄化程度日益加深

根据 1956 年联合国《人口老龄化及其社会经济后果》确定的划分标准，当一个国家或地区 65 岁及以上老年人口数量占总人口比例超过 7% 时，60 岁及以上老年人口占总人口比例超过 10%，则意味着这个国家或地区进入老龄化。2021 年全球 60 岁以上人口占全球总人口的 13.7%，60 岁以上人口数超过世界平均水平的大洲约占 2/3，其中欧洲最高，为 26.1%，非洲最低，为 5.6%，且高收入地区、医疗卫生发展较好的地区老龄化水平相对较高。2021 年亚洲 60 岁及以上人口占比以东亚最高，为 19.4%，东亚地区的中国、日本、韩国的老龄化水平较高。

中国老年人口规模庞大，第七次人口普查结果显示，60 岁及以上人口占总人口的 18.7%，65 周岁及以上人口占 13.5%。近 30 年我国老龄人口的特征主要是：①老年化进程明显加快，递增速度达到 3.3%；②老龄化水平城乡差异明显，农村 60 岁、65 岁及以上老人的占比分别为 23.81%、17.72%，比城镇分别高出 7.99、6.61 个百分点；③老年人口质量有所提高，60 岁及以上人口中，拥有高中及以上文化程度占比 13.90%，比 10 年前提高了 4.98 个百分点；④高龄化趋势明显，2020 年，人口预期寿命 80 岁及以上人口占总人口的比重为 2.54%，比 2010 年提高了 0.98 个百分点。2002—2021 年中国 65 岁及以上人口增长趋势如图 1-1 所示。

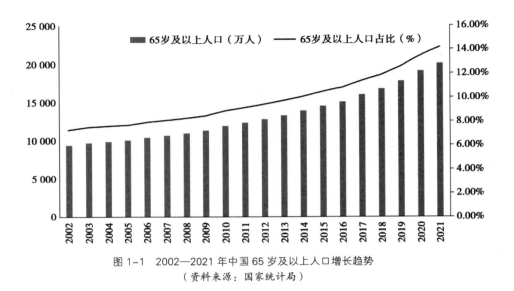

图 1-1　2002—2021 年中国 65 岁及以上人口增长趋势

（资料来源：国家统计局）

1.1.2　老龄化带来的健康风险日益增加

随着年龄的增长，身体功能下降，组织器官发生退行性变化，老年人面对环境挑战的脆弱性和疾病风险将会增加。年老、疾病、伤残等会引起身体或精神上的损伤，从而导致生活自理能力或社交能力丧失，包括不能自理的半失能、完全失能，疾病、残疾导致的生理功能丧失及阿尔茨海默病、精神抑郁等。根据世界卫生组织发布的《2019 年全球卫生报告》，在全球十大死因中，70% 是非传染性疾病。在全球范围内 70 岁以上人群的前五位死因分别是缺血性心脏病、卒中、慢性阻塞性肺病、阿尔茨海默病和其他痴呆症及下呼吸道感染。在新冠肺炎疫情发生之前，全球健康状况已在逐步改善，平均预期寿命从 2000 年的 66.8 岁提高到 2019 年的 73.4 岁（+6.6 岁），平均健康预期寿命从 2000 年的 58.3 岁提高到 2019 年的 63.7 岁（+5.4 岁），健康调整寿命年（5.4 岁）的增长并没有跟上预期寿命（6.6 岁）的增长，说明预期寿命的增加主要是由于病死率下降，而非残疾生活年限减少。在全世界范围内，有超过 46% 的老年人患有残疾，其中，中、重度残疾老年人达到 250 万人。视力损害、听力障碍、骨关节炎、脑血管疾病和阿尔茨海默病是老年人最主要的 5 种致残疾病。在发展中国家，老年人因屈光不正、白内障、青光眼、黄斑变性引起的视网膜损伤视觉损害而致残的人数是发达国家的 3 倍以上。在发达国家，老年人因听觉损失而致残的发生率高达 18.5%。老年人的听力损失如果得不到治疗，会妨碍正常的沟通交流，引发社会疏离感、焦虑、抑郁和认知能力下降等。突发事件、家庭与人际关系的不和谐、外界社会环境和经济状况较差等会影响老年人社交意愿，产生孤独感，引发抑郁、焦虑等心理和行为问题。老年人因长期患病和慢性疼痛、生活不能自理，容易引发自卑、忧虑、悲伤、恐惧、绝望等情绪，严重的可能会产生精神障碍。老年人普遍对心理健康干预认知率不高，讳疾忌医多，科学就诊少，即便察觉到自己有心理问题也不愿去就诊，容易错过心理疏导和治疗的最佳时期。

2019 年，我国人均预期寿命已经提升到 77.3 岁，但健康预期寿命只有 70.6 岁。第五次国家卫生服务调查发现我国 65 岁及以上老年人口两周患病率达到 62.2%，患病率最高的 5 种疾病依次为高血压、糖尿病、脑血管病、缺血性心脏病和慢性阻塞性肺病。2021 年，我国有 1.9 亿老年人患有慢性病，患有一种及以上慢性病的比重高达 75.0%，多重慢病患病率也在不断提高。与某一种疾病的单个效应不同，"共患疾病"因为同时存在多种疾病的交互作用，对老年人健康和功能产生的影响更复杂。"共患疾病"也被称为"老年综合征"，危及老年人的多个组织和器官系统，导致多种复杂健康问题的出现。根据测算，我国约有 4 000 万失能、部分失能老年人，约 1 200 万完全失能老年人，约 1 500 万失智老年人，每年约有 4 000 万老年人至少跌倒一次。老年人失能或失智后，生活难以自理，必须全部或部分依赖他人照护，因此失能失智是老年人健康生活面临的最大风险，也是政府在应对人口老龄化中急需解决的问题。

1.2　新时代背景下老年人健康服务新需求

随着社会的发展，老年人对健康服务的需求越来越多元化，从之前单一的医疗服务需求逐步向预防保健、医疗服务、健康管理、心理健康、休闲健身等多元需求发展，从而为营养保健、医疗机构、健康护理、健康体检、旅游健身等一系列老年健康服务产业的发展提供了更广阔的市场和更多机遇。

1.2.1 以自我保健与疾病预防为目标的健康管理新需求

预防是最经济、最有效的健康策略。随着人民生活水平的提高，科技的发展，多种传媒方式的普及，老年人传统健康理念的改变，越来越多的老年人更加关注健康知识和健康生活方式，注重自我保健、疾病预防。以健康教育、疾病预防、健康咨询、营养膳食等内容为主的老年健康管理成为新时代老年人的健康新需求。在我国，老年健康管理是基本公共卫生服务的重要内容之一，每年免费为老年人提供一次健康体检服务，包括生活方式和健康状况的评估、体格检查、辅助检查、健康指导，帮助老年人尽早发现健康风险因素，早期发现疾病并进行针对性治疗。慢病管理、心理健康管理和中医药健康管理等正逐渐成为老年人健康管理服务的热门产业。

1.2.2 以长期照护和居家医疗服务为核心的医疗服务新需求

我国人口老龄化进程的加速使老年人口及失能失智老人剧增，机构养老床位供不应求，而患有各种疾病，或是身体残疾的失能老人日常生活、健康保健对长期照护的需求日益增加。长期照护包括家庭、社区和机构提供的从饮食起居照料到急诊或康复治疗等一系列长期服务。日常生活照护成为失能老人最基本、最重要的需求，这些老年人罹患各种慢性疾病，身体健康状况普遍较差，希望通过日常的一些基本护理，如伤口护理、康复训练、按摩等帮助减轻身体老化或慢性疾病带来的痛苦。由于失能老人在家庭关系中处于弱势地位，自尊心低下，精神慰藉需求显得尤为突出。失能老人普遍患有疾病，有些疾病具有突发性、紧急性和致命性的特征，及时抢救、送往医院等紧急救援措施非常重要，甚至还需要为失能、半失能人群提供社会交往和临终关怀等综合性、专业化的服务。除失能老人之外，空巢老人、患慢性病、疾病康复期或终末期等老年群体因行动不便而对上门医疗、护理等服务需求迫切。居家医疗服务内容包括诊疗服务、医疗护理、康复治疗、药学服务、安宁疗护等服务。居家医疗服务可以满足行动不便老年群体就医便捷的需求，在一定程度上节约了患者的就诊成本。老年终末期治疗费用的上升及人们观念的改变，越来越多的老年人开始重视生命末期的生存质量，在生命的最后阶段，治愈疾病和延长生命已不再是治疗的目的，以控制症状、改善生活质量的安宁疗护正成为老年临终阶段的迫切需求。安宁疗护主要包括疼痛及其他症状控制，舒适照护，心理、精神及社会支持等。在老年人生命的末期阶段，面临生理、心理、社会等多方面的需求问题，需要舒适护理、哀伤辅导等安宁疗护让临终老年群体有了更多的选择，更好地实现了"尊严死"，患者家属得到了最大的心灵慰藉，并节约了社会各方面的资源，因此，安宁疗护成了老年人临终阶段的新需求。

1.2.3 以"互联网＋医疗健康"为载体的智慧健康服务新需求

随着信息技术的发展，医疗服务模式更新迭代，出现了"互联网＋医疗健康"服务模式。互联网在医疗行业的新应用包括以互联网为载体和技术手段的健康教育、医疗信息查询、电子健康档案、疾病风险评估、在线疾病咨询、电子处方、远程会诊、远程治疗和康复等多种形式的智慧健康医疗服务。通过互联网，老年人足不出户就可以问诊、网上续方、买药，方便快捷，"互联网＋"医疗服务满足老年人多层次的就医需求，节省了就医时间，能够有效管理高血压、糖尿病等慢性病。当老年残疾人兼具"年老"和"残疾"双重特征，劳动能力丧失，活动参与度下降，对家庭成员依赖强，缺乏社会交往，孤独感强烈的情况下，促进身体功能改善、提高自理能力、获得自尊与社会参与感对康复服务老年残疾人尤为重要。人工智能、脑科学、虚拟现实、可穿戴等新技术在健康促进类康复辅助器具中的应用，可以促进老年残疾人群康复服务的高质量发展，使骨骼康复训练、认知障碍评估和训练、沟通训练、失禁康复训练、运动肌力和平衡训练、老年能力评估和日常活动训练等服务变得更加智能和人性化，满足老年人康复训练、行为辅助、健康理疗和安全监护等需求。"互联网＋医疗健康"为老年群体提供了方便可行的就医环境，成为智慧医疗服务需求的新方向。

1.3 新时代老年健康服务产业发展新机遇

1.3.1 政府高度重视老年健康产业的发展

在"健康中国"和"积极应对人口老龄化"国家战略的背景下，党和政府高度重视老年健康产业的发展，先后发布了《关于促进健康服务业发展的若干意见》《关于推进医疗卫生与养老服务相结合的指导意见》《健康中国行动

（2019—2030 年）》《"十四五"健康老龄化规划》《"健康中国 2030"规划纲要》等系列重要相关政策文件。老年健康服务产业在国家战略、社会建设、民生工程，特别是在健康产业和老龄产业中的重要意义及作用十分突出。2022 年 2 月 21 日，国务院印发的《"十四五"国家老龄事业发展和养老服务体系规划》，进一步明确要求完善老年健康支撑体系，大力发展银发经济，在老年健康教育、预防保健、老年医疗、康复护理、安宁疗护、医养结合等方面都提出了更加具体的要求和部署，为推动和促进中国老年健康服务产业的快速发展营造了良好的政策环境。

1.3.2　老年健康服务产业市场潜力巨大

据预测，2050 年中国老年人口将达到 4.8 亿，中国将成为全球老龄产业市场潜力最大的国家。人口平均预期寿命的延长，老年人口增长迅速，社会的进步和生活水平的不断提高，伴随着预防为主、主动健康等理念和知识的普及，老年群体及其家庭对老年健康服务消费的欲望和能力大幅提升，老年健康需求所带来的潜在市场容量非常可观。根据《中国老龄产业发展报告（2014）》，"十四五"末老龄化的人口的商品及服务市场将达到 4 万亿元左右，约占国内生产总值的 8.0%，老龄产业产值预计将于 2050 年前增至 106 万亿元，相当于中国经济的三分之一。同时，人口老龄化对消费也有正向拉动作用。电商消费平台数据显示，2021 年上半年老年群体消费额同比增长 78.0%，购买老年商品用户增长 65.0%。老龄化水平提高对有关老人的消费品和消费服务提出更大的需求，带来消费市场的扩大，尤其是健康消费方面的支出更加明显。从老年人的消费观念、消费能力和消费方式看，一个巨大的老年消费市场正在形成。

1.3.3　国家经济转型推动大健康服务产业升级

世界经济正在由工业经济向服务经济转型。在中国经济转方式、调结构、促增长的升级过程中，大力推进服务经济发展已成为中国经济转型升级的战略抉择。随着中国经济水平的逐步提高，人们的健康意识不断增强，大健康产业市场规模快速增长，2012 年到 2019 年，中国大健康市场规模从 2.99 万亿元增长到 8.78 万亿元，增长率 193.7%。在大健康产业细分市场中，医疗健康服务市场规模最大，2019 年占整体行业市场比重的 50.0% 以上，其次是药品零售，市场规模占比为 20.1%，然后是非药健康产品零售，市场规模占比为 12.6%，其他占比较小，均在 10.0% 以下。《"健康中国 2030"规划纲要》从普及健康生活、优化健康服务等五大任务出发对未来 15 年的健康工作进行了部署，其中健康服务业发展指标将在 2030 年达到 16 万亿元，这将成为推动老年健康服务产业发展的重要力量。在健康中国、大健康战略、人口老龄化快速发展并将在较长时间内保持较高程度的背景下，老年健康服务产业已成为目前最具发展潜力的产业板块之一，具有巨大的消费市场规模，具有形成产业集群的突出特点和优势，是大健康产业发展中的优势产业领域。

1.3.4　科技创新将为老年健康服务产业提供技术及产品支持

医疗卫生技术、生物技术和生命科学的进步，制造强国战略的全面实施及人工智能、5G 等高新技术的广泛应用，为老龄健康服务业的发展提供了有力的技术及产品支持。人工智能将成为未来医疗保健领域的主要趋势。人工智能将促进医疗保健的转型，从健康工作流程到健康诊断，提供自动化过程，进一步促进工作流程效率和诊断准确性的提高。机器人将在手术治疗、康复和物理治疗、健康数据分析、远程医疗救治、床边照护等健康领域推广应用。互联网医疗的发展，衍生出远程诊疗、家庭医生、网约护士等产业，使老年人足不出户就能体验到优质的医疗护理服务。健康大数据分析及智能养老监护设备的发明也为老年人提供了健康管理的设备和技术创新。

第2章 老年健康服务产业理论研究

立足健康老龄化发展的历史与现实，基于老年健康服务业研究相关基础理论，厘清产业内涵和市场特征、对产业发展供给机制、产业发展影响因素、产业发展动力机制的逻辑关系进行理论建构，实现学术价值的创新，丰富和发展老年健康服务产业理论体系。

2.1 老年健康服务产业研究基础理论

2.1.1 经济学需求理论

需求理论是研究产业发展的重要理论基础，是消费者在一定价格水平下愿意且能够消费的服务或商品数量，包含消费意愿和消费能力。该理论认为需求受到市场价格、市场规模、收入水平、该商品或服务的可替代性和消费者的选择偏好等因素的影响。根据需求理论，可以将老年健康服务需求定义为老年人维护和促进健康所客观需要的且具有支付能力的健康服务数量，是老年健康服务供需系统的一个重要主体。老年人基于自身实际情况对健康服务需求做出的具体化、数值化度量可以反映需求程度的高低。老年居民对健康服务的需求会随着健康观念的改变、社会经济水平的发展、疾病谱的变化而发生变化，对老年居民个体而言，也会因年龄、文化程度、收入水平、健康状况等差异，而对各类老年健康服务的需求程度、需求偏好有所不同。

2.1.2 供求均衡理论

供求均衡理论将供求理论发展成为"均衡价值论"，实现了将供求关系数量化，使其在经济学领域得以广泛的应用。除价格之外的其他因素在一定时期内保持相对的稳定是该理论的假设前提，在此假设前提之下，需求量和供给量会随着价格变动而变动，形成需求曲线和供给曲线，将两者置于同一个坐标体系中，两条曲线的交点即市场的均衡点，该点所对应的产量即需求等于供给的均衡产量。需求与供给的基本平衡，对促进经济系统良性运行具有重要的意义。当前我国老年健康服务业的供需矛盾突出，找出在当前的老年健康服务资源水平下，老年健康服务供给与老年健康服务需求之间的"均衡产量"，实现供给和需求的基本均衡才能够推动老年健康服务业的良性发展。

2.1.3　公共产品理论

公共产品理论是公共经济学的核心理论，公共产品具有三个特性：效用的不可分割性、受益的非排他性和消费的非竞争性。效用的不可分割性，是指公共产品的提供是面向全社会的，由全社会成员共同受益或者全体人员联合消费，不能把产品分割成只提供给特定的部分人享有；受益的非排他性，是指在技术上没有办法将任何人排除在产品的受益范围之外；消费的非竞争性，是指一个人使用公共产品时，并不会对他人造成妨碍，不影响他人同时享用，也不会降低他人使用的数量或质量。老年健康服务中，如疾病预防控制、国家免费基本公共卫生服务是同时具有受益的非排他性和消费的非竞争性特征的公共产品；需要收费的基本医疗服务是具有受益的排他性的准公共产品；高端健身场馆提供的健身康体服务是具有排他性和竞争性的非公共产品，因此，老年健康服务产业的供给，应该综合考虑政府和市场的供给意愿，公共产品由政府来供给，非公共产品由市场来供给。

2.1.4　需求层次理论

需求层次理论由美国心理学家亚伯拉罕·哈洛德·马斯洛（Abraham Harold Maslow）提出，他将人的需求分为生理需求、安全需求、爱和归属感需求、尊重需求和自我实现需求。该理论认为人类的需求是按重要性和层次性排成一定优先次序的，只有当较低层次的需求得到满足之后，才会产生更高层次的需求，当存在多种需求需要得到满足时，应该首先满足迫切程度最高的需求，该需求得到满足后，其他的需求才显示出激励的作用。与马斯洛需求层次相对应，老年居民对健康服务的需求也具有层级性。随着社会经济水平的发展和人民生活水平的提高，老年居民对健康服务的需求更为多元化，老年人在基本医疗卫生服务需求得到满足后，才开始倾向于休闲养生、康体健身、健康保险、健康管理等高层次的健康服务需求。

2.1.5 人力资本理论

人力资源是产业发展最活跃、最重要的生产要素。经济学家亚当·斯密（Adam Smith）首次提出"人力资本"的概念。人力资本理论将企业中的人作为资本来进行管理和投资，并根据不断变化的市场损益情况，动态调整相应的措施，以长期获得人力价值回报。我国实施人才强国战略，充分挖掘人力资源价值，通过对人力的投资，将人力资源转化为人力资本。老年健康服务人力资源供给往往需要通过学历教育和职业培训的方式加强服务人才培养，对现有或潜在的老年健康服务从业者，从理论、技能、操作、观念等各方面加以培训、管理和塑造，充分挖掘老年健康服务人力资源价值，发挥人员的创造性，使其实现自我价值和社会价值，最大限度地为健康老龄化服务事业提供人力要素支持。

2.2 老年健康服务业内涵及市场特征

2.2.1 老年健康服务业内涵

对老年健康服务业的边界进行清晰和规范的界定是了解老年健康服务业存在的问题及开展深入研究的前提。国内外尚未有学者聚焦老年健康服务产业进行释义，而有两种关于健康产业的界定可供借鉴。一是以美国保罗·皮尔泽（Paul Pilzer）为代表的"wellness industry"。保罗提出健康服务产业是除医疗卫生外，以保健为主的经济活动集合，即"在出现病患前，对健康的人所提供的服务，使之感到更加健康、健美，并延缓其老化过程或对疾病防患于未然"的产业。他认为健康服务产业范围包括保健食品药品业、健身、健康保险、销售等；市场中的相关主体要对保健产业加强重视，积极努力地投身食品保健品、医疗服务、保险等健康细分产业，从而创造更多的财富。另一种是以意大利蒂·托马索（Di Tommaso）为代表的"healthy industry"。托马索认为健康服务产业是以健康服务活动为主的一个产业集群整体，主要是医疗保健服务。我国研究者对老年健康产业的界定尚未达成共识。张再生等认为老年健康产业是能为老年人提供健康方面的服务，满足老年人健康方面需求的产业和服务部门的集合，为老年人提供健康服务和满足健康需求是老年健康产业的实质内涵。阮梅花等认为老年健康服务产业是老年产业和健康产业的交集，是能为老年人提供身体和心理等方面的健康和服务的直接或间接生产体系，是专门满足老年人健康需求的新兴产业。雷雪等认为老年健康服务产业可界定为健康服务产业中为老年人口提供健康服务的企业和部门，可分为老年医疗卫生服务、老年健康管理与促进、老年健康保险与保障服务、老年健康服务产业相关配套产业等。袁玉鹏认为老年健康服务产业主要是为健康或亚健康人群提供和服务，延缓其衰老过程或对疾病防患于未然，与健康直接或间接相关的经济活动集合。总的来看，由于学界尚未形成对老年健康服务产业本质属性的共识，在进行产业边界界定时，学者之间的分歧比较明显，对老年健康产业的子产业分类存在标准不统一、内容交叉重叠等问题。

2013 年，《国务院关于促进健康服务业发展的若干意见》（国发〔2013〕40 号）对健康服务业的表述和内容进一步明确为：健康服务业是以维护和促进人民群众身体健康为目标，主要包括医疗服务、健康管理与促进、健康保险以及相关服务，涉及药品、医疗器械、保健用品、保健食品、健身等支撑产业。2014 年国家统计局对健康服务业进行了分类，划分为医疗卫生服务、健康管理与促进服务、健康保险和保障服务、其他与健康相关的服务四类，包含 15 个健康服务产业亚类，如表 2-1 所示，此产业分类界定对老年人群具有普适性，可以作为老年健康服务业内涵界定的基础。

表 2-1　国家统计局健康服务业分类表

分类	亚类	内容
医疗卫生服务	医院服务	综合、中医和专科医院等
	基层医疗卫生服务	社区、卫生院和门诊服务
	专业公共卫生服务	疾病预防控制和专科疾病防治等
健康管理与促进服务	政府与社会组织健康服务	国家卫健委等部门的行政管理服务、专业性卫生团体服务、与健康相关的基金会服务等
	健康科学研究和技术服务	医学研发服务、健康知识产权服务、健康产品的质量检验服务
	健康教育服务	中等职业学校和普通高等教育、健康职业技能培训

续表

分类	亚类	内容
健康管理与促进服务	健康出版服务	医药、卫生，健康、保健，食品、体育类图书、期刊、电子出版物等服务
	社会健康服务	健康护理、精神康复、健康保健和老年人、残疾人等特殊人群服务
	体育健身服务	体育组织、体育场馆等服务和体育健身服务
	健康咨询服务	医药、医疗咨询、心理咨询、营养健康和体育运动咨询等服务
健康保险和保障服务	健康保险服务	健康和意外保险等商业健康保险服务
	健康保障服务	基本医疗保障服务、补充医疗保障服务，工伤和生育保险服务等
其他与健康相关的服务	健康相关产品批发服务	包括药品、医疗用品及器材、营养保健品和保健器材、体育用品及器材批发服务
	健康相关产品零售服务	包括药品、医疗用品及器材、营养保健品和保健器材、体育用品及器材零售服务
	健康设备和用品租赁服务	包括医疗设备租赁、体育设备及器材出租等服务

产业的发展受社会消费和需求的引导，而消费是由需求引起的，由生产提供，并通过市场来实现的。老年人作为一个特殊群体，其需求和消费受到生理、心理、社会经济条件的影响，具有明显的共同性和独特性。根据老年人对健康服务的需求状况和当前社会经济发展的水平，在《国务院关于促进健康服务业发展的若干意见》《国民经济行业分类》（GB/T 4754—2011）、经济合作与发展组织（OECD）《卫生核算体系（2011）》的基础上定义老年健康服务产业内涵，应为满足老年人健康服务需求的生产体系，包含老年医疗卫生服务（医院服务、基层医疗卫生服务、专业公共卫生服务）、老年健康管理与促进服务（老年社会组织健康服务、老年健康产品研发与技术服务、老年健康服务职业教育服务、老年健康相关出版服务、老年社会健康服务、老年体育健身休闲服务、老年健康咨询服务）、老年健康保险和保障服务（老年健康保险服务、老年健康保障服务）、老年健康产品服务（老年健康产品相关批发、零售和租赁）（图 2-1），基本包含了国民经济行业分类中与老年健康相关的经济活动（表 2-2）。

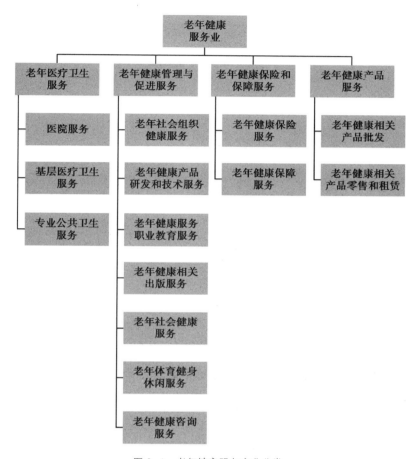

图 2-1　老年健康服务产业分类

表 2-2　老年健康服务产业业态分类表

序号	老年健康服务产业群分类	对应的国民经济行业分类	对应老年健康服务业态
1	老年医疗卫生服务	医院服务	老年专科医院、社区医院、医养结合机构
		基层医疗卫生服务	
		专业公共卫生服务	
2	老年健康管理与促进服务	老年社会组织健康服务	与健康相关的老年协会服务、老年基金会服务
		老年健康产品研发和技术服务	老年健康产品研发服务、健康知识产权服务、健康质量检验服务
		老年健康服务职业教育服务	老年健康服务职业教育、老年健康服务职业技能培训

续表

序号	老年健康服务产业群分类	对应的国民经济行业分类	对应老年健康服务业态
2	老年健康管理与促进服务	老年健康相关出版服务	老年健康类图书、报刊、音像制品、电子出版物出版
		老年社会健康服务	老年康复与护理服务、老年人照护、社会看护与帮助服务
		老年体育健身休闲服务	老年体育运动、健身、休闲服务
		老年健康咨询服务	医药、医疗咨询服务、心理咨询服务、营养健康咨询、体育运动咨询等服务
3	老年健康保险和保障服务	老年健康保险服务	健康和意外保险
		老年健康保障服务	基本医疗保障服务，补充医疗保障服务等
4	老年健康产品服务	老年健康产品相关批发	老年智能机械、器具、用品以及转化医学与抗衰养生类的零售、保健辅助治疗器材等与健康相关的保健用品零售、医疗设备租赁、其他健康设备和用品租赁
		老年健康产品相关零售	
		健康设备和用品租赁服务	

2.2.2 老年健康服务产业运行参与主体

老年健康服务运行本质上是老年人个体行为、政府治理、市场环境三个层面对老年人健康发生作用的时空演绎。老年人个体行为层面包括消费习惯和生活方式的影响，政府治理层面包含了政策、财政和资源的承诺与投入，市场环境层面则包括家庭成员、服务提供机构、健康保障等影响老年人健康的因素。

1）老年人个体

在健康需求理论中，使用健康服务就是维持和提高健康资本存量的一种健康投资行为。健康资本的获得有两种途径，一是基于健康生命周期进行的管理和维护，二是健康资本受到损害后通过医疗服务进行修复。老年人随着年龄的增长，自身组织、器官等各方面机能衰退，医疗健康支出远远超出人群平均水平，其健康服务需求高于普通人群，也可以说老年人的健康投资行为远高于一般人。

2）家庭成员

受中国传统文化影响，大多数老年人选择家庭养老的养老方式。家庭支持对老年人而言主要是获得的来自子女及配偶在经济供养、日常照料和精神慰藉三个方面的帮助。特别是晚年失能失智老人，自我活动能力受限，在生活起居方面更加需要家庭的经济支持和日常照护。家庭（子女）对老年人健康服务消费的支撑作用在中国尤为突出。

3）政府相关部门

政府相关部门也是老年人健康资本的重要投资方。体现在政府既要制定一系列政策引导和支持老年健康服务产业发展，又要通过政策、制度监管老年健康服务市场部门、保障部门（保险机构）的服务提供，还需要为部分老年人（社会救助对象）健康投资的筹资负责。

4）服务提供部门

按照国家统计局《健康服务业分类（试行）》办法，以老年产业服务对象为分类标准，将直接服务老年人的产业服务纳入生活性服务业类别，主要包括医疗卫生服务部门、健康管理与促进服务部门、健康保险和保障服务部门、其他与健康相关的服务部门等。它们共同构成老年健康服务产业服务提供部门，负责市场供给。

2.2.3　老年健康服务产业的市场特征

1）健康服务产出无形性

老年健康服务的主要产出为"健康状况的改善"，而对于健康状况是否改善的评定，概念上非常抽象。因此，老年健康服务的产出基本上是无形的。健康服务是一种行为和过程，消费者很难在购买前完全看到健康服务的产出与结果，缺乏具体的评估准则，故很难判断服务表现的优劣，常常借助其他表征预期健康服务质量。

2）生产与消费同时性

老年健康服务的生产与消费是同时进行和同时存在的，消费者有可能参与服务的生产过程，因此，在健康服务中服务提供者与消费者的互动十分重要，对消费者总体感知服务质量具有较大影响。所以提供者与消费者的互动质量是服务质量产生变异的主要来源之一，也是健康服务质量较有形质量不易控制与衡量的原因。

3）服务提供异质性

异质性是指同一项服务的提供，常会因为服务人员、时间、地点和对象的不同，而产生服务质量的差异。即使是同一个服务人员，在不同的时间、地点、服务对象、情绪、态度与意愿下，其服务表现也有很大差别。老年健康服务的质量水平依赖于谁提供服务及何时、何地提供服务。老年健康服务无法实现标准化，每次提供的健康服务带给消费者的效用、消费者感知的服务质量都可能存在差异。

4）产能缺乏弹性

老年健康服务无法像有形产品那样在生产制造后可储藏起来供日后销售，这种特征导致服务的产能缺乏弹性，因此，服务需求和供给的平衡特别重要。因此，健康服务生产必须与健康消费需求相匹配，服务的不可储存性要求对服务生产进行更为准确的要求，同时，服务的不可存储性给服务的大规模生产和销售带来了限制，所以老年健康服务提供机构要获得规模经济效益挑战更大。

5）产业链横向特征

老年健康服务业是一种基于服务的横向产业链，产业链每个环节都直接面对最终消费者，各个链条之间没有直接的投入产出关系。老年健康服务产业链也是一种基于服务的产业链，老年医疗、老年健康管理与促进、健康保险和健康销售都是直接向老年人提供服务，相互之间不存在基于投入的上下游关联，同时还通过一定的合作提供一些中间服务，如医疗机构不仅提供疾病诊疗服务，还提供康复和护理、健康体检、健康咨询等服务，并在此基础上构建一个以服务对象为圆心的环形的产业关联结构。

6）行业生命周期

目前国内老年健康服务相关产业正处于起步期，利润与市场规模同步增长，并在可见的未来向成熟期转型。在产业发展前期，产业的技术、标准等都还不成熟，产业资金和资源供给严重不足，需要政府发挥在财政和行政规划方面的优势，一方面对产业发展进行统筹规划，另一方面集中资金和人力解决关键性问题。

7) 行业盈利性与壁垒

老年健康服务行业前期固定成本与沉没成本较高，但实现规模化服务后，其盈利空间仍然较大，未来随着政策红利的释放，老年健康服务产业会更快地发展。不同行业有各自的准入标准，老年健康服务产业涵盖领域较广，但进入壁垒仍相对宽松，目前从市场反馈分析，从事老年健康服务的主要行业壁垒主要集中于专业人才壁垒，但总体来讲国内老年健康服务产业进入门槛较低。

2.3　老年健康服务业供给机制

2.3.1　政府主导供给机制

老年健康服务政府主导的供给机制，源自老年健康服务本身的一些特殊属性。老年健康服务中涉及医疗服务的部分服务，作为公共提供的社会价值取向、对健康资源配置效率的正外部性及消费不足的价值特征，决定了政府以公共服务模式提供医疗服务的合理性。政府在老年医疗健康服务业发展过程中起到主导性作用，主要通过政府财政支持的公立医疗机构，如各种公立医院、公共卫生机构、社区卫生服务机构等，为老年人提供医疗健康服务，服务费用主要由国家医疗保障体系内部支付或免费提供。政府主导的供给机制，以政府对医疗服务业发展方向的控制为特征，通过医疗服务业政策干预、影响医疗服务产业要素，改变具体老年健康服务经济变量，从而影响医疗服务业发展方向。

2.3.2　市场供给机制

老年健康服务企业整合相关资源让渡服务以实现利润最大化，老年消费者支付价格购买健康服务实现效用最大化，通过在市场上进行交换来满足各自的需要。因此，市场供给机制的实现，一方面要求市场上存在众多经济上独立的、依赖老年健康服务提供获得利益的企业，另一方面要求社会上存在众多有健康服务需求的老年消费者，同时这些老年消费者还必须具备支付能力和支付自由。同时，市场体系要完备，参与市场供给和需求的资本、服务、技术和信息等要素能够自由流动。老年健康服务有效需求的形成来自于潜在消费和支付能力、支付意愿的增长。

2.3.3　第三部门供给机制

民间非营利组织是在政府部门和以营利为目的的企业之外的一切志愿团体、社会组织或民间协会，是介于政府与营利性企业之间的"第三部门"，具有非营利性、民间性、自治性、志愿性等重要特征。能够提供老年健康服务的非营利性组织主要有社区服务机构、社区体育指导机构、养老院、居家老年人协会、志愿者服务中心等。非营利性组织开展的老年健康服务活动，介于政府与市场之间，弥补了政府失灵和市场失灵。

2.3.4　多元服务供给机制

老年健康服务供给一方面并不一定要由政府直接生产，可以引入市场力量共同发展。另一方面，因为政府和市场各自的弊端，需要发挥各自的优势进行相互补充。政府在老年健康服务产业发展方面的责任不是全面管制和直接生产，而应体现在制度安排和资金筹集方面，而且多元复合的服务供给机制需要多种供给主体相互补充与合作，共同构成一个多元复合的服务提供主体。

2.4　老年健康服务业发展的动力机制

2.4.1　老年健康服务业发展的影响因素

影响老年健康服务业发展的因素离不开产业的运行体系和内外部发展环境。根据老年健康服务业市场特征，可以看出老年人自身健康素养及其家庭会影响产业发展的需求方面；服务提供部门会影响老年健康服务业发展的供给方面；政府部门从政策、制度层面同时影响供给和需求。

影响老年健康服务需求的因素主要有以下两个方面。一是健康需求变化。健康需求存在层次上的递进，如果把维持没有明显痛楚、疾病症状、不影响日常生活状态的健康需求看成低层次的基本健康需求，那么追求健康服务的便利性和舒适性体验则可视为更高层次的个性化健康需求。健康服务需求变化的不同层次与老年健康服务产业演进模式有着对应关系，即第一层次的"基本健康需求"对应老年医疗卫生服务与老年健康保险与保障服务；第二层次的"便利和舒适体验"对应的是老年健康管理与促进服务、老年健康服务等新兴健康服务方式，老年人不仅只是关注健康的身体，还关注精神健康。一个范式转变，越来越大的动力从试图治疗或修复身体的问题，转变到积极的和系统的方法解决、从根源预防个体和环境的问题。因此，老年健康服务行业的发展是健康需求层次演进的结果。二是收入弹性。一般情况下当老年人出现重大疾病时，医疗服务需求会立刻排在所有需求的首位，并且无可替代，具有刚性；而针对不具有紧迫性，且健康投入产出效果不能在短时间内显现，属于非基本需求的高层次健康需求，具有更高的收入弹性。因此，老年健康服务需求与经济发展水平，以及家庭收入水平存在正相关的关系，只有经济的发展达到较高水平，家庭吃、穿、住、用、行等基础性需求得到满足后，老年健康服务需求才能得到进一步释放。

影响老年健康服务供给的因素主要有以下三个方面。一是产业融合。产业融合是老年健康服务业发展的重要推动力，保险机构应用健康工具控制健康风险，与医疗、康复与护理服务机构及老年健康管理机构通过合作或合同的方式进行产业重组融合，使健康保险成为老年健康服务业中不可或缺的重要产业形态。互联网产业融合于老年智慧科技服务领域，实现以老年人为主要消费对象的各种智能机械、器具、用品及远程医疗的业态。康养性质地产与老年休闲旅游产业融合，开创老年养生社区、老年健康休闲中心等业态。二是产业投资。老年健康服务业是高资本密集和高劳动密集型的新兴产业，具有高风险和高收益特征，产业资本的投资是老年健康服务企业成长和产业规模扩大的直接动力。投资增加，使企业规模的扩大、获利能力增强，同时伴随着大量的市场进入、产业规模扩大，加速了老年健康服务的多样化竞争的进程，促使产业服务逐步向标准化、规范化过渡，促使老年健康服务业从萌芽到成长。三是技术创新。老年健康服务市场的出现，本身就是信息科技和医疗科技进步引领新的老年健康服务需求的结果，科技的进步，为精准个性化健康服务提供了技术手段，也能引导、开创一个新的细分市场。老年健康服务领域技术创新的来源主要有生物医疗科技、电子信息技术、大数据分析和挖掘技术等方面，可以通过企业组织技术创新、营销创新和管理创新，引导、激发、创造健康新需求。技术创新对老年健康服务产业发展的动力作用通过两种方式实现：一方面通过技术创新提高组织生产效率、促进产业发展，能够提高老年健康服务的准确性，降低健康风险的新服务、新手段、新流程都属于技术创新的范畴；另一方面产业创新型企业能够有力地引领整个行业的发展，不仅被动满足需求，还能主动地引导或创造需求，从而大大加速老年健康服务产业发展的进程。

老年健康产业政策影响因素主要有以下两个方面。一是医疗保险筹资和报销政策。政策影响服务需求也影响服务供给。对需求的影响主要通过医疗保障体系产生。基本医疗保险和商业健康保险是老年健康服务的主要支付方，政府部门通过基本医疗保险筹资方案，影响老年人健康服务消费能力，通过报销政策规定影响老年人对健康服务类型的选择。二是老年健康服务准入、监管、服务政策。老年健康服务产业是具有正外部效应特点的混合产业，政府对供给市场的影响更为广泛和深远。一方面，老年健康服务产业被纳入公共保障体系监管范围之内，包括市场准入、价格管制等；另一方面，政府部门对医疗服务领域的基础资源投资也将对老年健康服务产业供给产生重要影响。由于老年健康服务产业具有高专业技术产业性质，政府投资中最重要的是对健康服务人力资源（含执业医师、注册护士、照护人员等）的培养机制，以及医疗科技、预防医学等基础科学的投资，即通过影响生产要素的供给影响老年健康服务产业发展。

2.4.2　老年健康服务业发展的动力机制

产业发展通常来自两个方面的动力驱动因素。一是产业外部驱动因素，如政府、市场等；二是产业内部驱动因素，如有效需求、产业投资、技术创新、产业组织、产业政策等。老年健康服务产业发展的动力主要来源于需求的拉动、供给的驱动及政府的催化。需求对产业的拉动主要基于以下几个方面。老年健康需求层次提升已产生了新的需求，比如追求服务的方便和体验，追求健康时尚和个性医疗，使得市场容量扩大；收入水平提高使得老年人健康消费能力上升，也就增加了"高层次"健康服务消费的可能，高龄老龄化和疾病谱慢性病化使得居家健康服务需求增加。产业投资增加使得健康服务新企业成长带来组织进化，因而市场规模扩大并最终促进健康服务产业成长；技术创新会提高企业劳动生产率，创造新健康服务需求，技术扩散，继而扩大市场规模，促进产业成长；产业融合使得保险机构、医疗机构、健康管理机构不同产业组织交叉重组整合，催生健康服务新业态、新模式；产业融合同时使得不同产业边界技术渗透，同一产业链前后向延伸，催生新业态、新模式，扩大市场规模，促进产业成长。

政府对健康服务产业发展的催化通过同时影响市场需求和市场供给来实现，医疗健康保险筹资政策会影响消费能力从而影响市场容量；医疗保险报销政策影响消费者对健康服务种类的选择从而影响市场容量；市场准入改策使得更多产业资本有机会进入；医疗健康服务人才培养机制，高素质劳动力供给，产业生产率提高，市场供给增长；国家的科研投入、专利保护制度等影响健康管理服务业创新技术环境，影响产业生产率；政府直接投资也会扩大市场供给，从而改变市场供给结构。

第3章 国内外老年健康服务产业实践的启示和经验

参考借鉴国际老年健康服务产业发展经验，总结中国老年健康服务各省市发展实践，可以为中国老年健康服务业高质量发展模式转型选择的思路和政策设计提供参考借鉴。

3.1 国外老年健康服务产业发展实践的启示

人口老龄化最早发生在西方发达国家。为应对老龄化带来的一系列养老难题，1990年世界银行提出了"健康老龄化"的战略目标，旨在通过全社会的共同努力以提高老龄群体的生活质量，使老年人群达到生理、心理及社会功能的完美状态，幸福健康地度过晚年。为实现这一战略目标，世界各国根据本国特点实施了相关健康老龄化战略，出台了具体的政策来转变老年健康服务理念，并通过整合医疗资源和养老资源，从疾病到健康，从笼统的老年阶段到分年龄别精细管理，为老年人提供综合性、持续性的服务。

从20世纪80年代起，法国政府开始加大对老年健康服务业的扶持，具体措施包括：实施家庭服务业促进计划，把居家养老服务业等行业上升到国家发展战略高度；对进入居家养老服务市场的企业进行税收减免，同时对使用居家养老服务的消费者给予财政补贴；不断降低其他资本设立养老机构的门槛，有效促进了营利性养老机构的快速发展；鼓励老年人进入机构养老，给予进入机构养老的老年人相应的补贴，这一补贴比例在公立养老机构和非营利性养老机构达到90%，即使是在营利性养老机构，政府也会在评估后给予一定的补贴，这一措施使法国老年人口的机构养老需求大幅增加。法国政府还制定了有关家政服务的法律法规，组建了专门的家政服务管理局，负责制定行业规范和市场准入标准，审批从业资质的认证，组建了医疗福利机构评估署，负责监督、管理企业提供的服务，加强对老年健康服务市场的监督和规范。积极引导私人企业进入老年健康服务市场，推行包括养老服务券在内的预付定值通用服务券，这种服务券由一些通过家庭服务管理局认证的实力较强的公司发行，企业和个人可以自由购买，服务券发行商并不提供相应的服务，而是主要担负资金结算、监督、培训及整合服务提供商等职责，有效保障了行业质量，促进了相关产业发展，法国政府给个人发放服务券，持券人可以凭券享受经过资质认证的机构提供的服务。政府仅负责确定领取者名单、提供一部分的财政补贴、实行一些优惠措施等，而其他的工作全部交由企业运作。人力资源则由中央政府、地方政府和企业三方共同出资培训专业护理人员。

日本是国家主导的福利型老年健康服务模式。老年人的健康服务提供模式主要有在宅服务和设施服务两种。由于深受儒家文化的影响，大部分家庭都选择老年人和家人共同生活，加之费用控制等原因，日本政府更为鼓励在宅服务，主要包括上门服务和社区服务两种形式，前者包括护理员上门为行动不便的老年人提供身体护理、生活咨询、家政清洁等服务；后者指每日定期接送老年人前往"日托护理中心"，为他们进行包括入浴、用餐、日常生活训练、生活指导等各种服务。除了居家社区老年健康服务外，日本的养老机构也按照老年人衰弱程度划分为老年人安养之家、养护老年人之家及特别养护之家。不同机构的服务项目均有针对性地为不同的老年人设计，在使用功能上注重多元化与标准化，入住老年人根据专业评估和本人意愿选择适合自己的服务类型，享受全方位的护理。在日本，老年健康服务机构是由下往上逐一批准的，市町村、市、省、中央各级政府负责对健康服务机构监管，其中中央制定健康服务机构的准入和退出标准，地方政府负责对本地区的健康服务机构进行监管。在服务资金方面，日本实行长期照护保险，即强制性医疗保险，大部分费用由医疗保险基金支付，老年照护的费用由保险和公费承担 90%，老年人只承担剩余的 10%。在服务提供方面，日本健康服务机构都设有专门的老年病房，配有专业医师和全职护士，老年人在经医生诊断同意后就可在病房内接受专门的、长期的治疗和照料，并且有专门的"介护士"提供照料和护理等服务。首先，日本特别注重以法律为基础推进老年健康服务发展。1963 年，日本制定了被称为"老年人宪章"的《老年福利法》；1982 年颁布《老人保健法》，强调老人保健的社会基础是家庭和市町村；1989 年日本启动黄金计划，由政府财政拨款培训 10 万名家庭看护员；

2000 年实施《护理保险法》，解决老年人的护理负担问题，建构全社会共同参与的居家养老服务体系；2004 年日本政府开始实施地区互助事业和护理预防。通过一系列的立法，日本基本上建成了较为健全的居家养老护理服务的法律保障体系。其次，注重地方化。日本倡导以市町村地方各级政府为主体的居家护理服务，同时，重视养老设施的投资建设，为居家养老的老年人提供完善和配套的体系化护理服务，建立由家庭、地区、近邻三方组成的综合性地方化的支持老年人社会生活的护理制度。再次，注重多元化。日本厚生劳动省和地方各级政府分级设立了老人保健福利部、福利事务所和保健所，专门负责对老年人的营养、卫生保健给予指导，也重视地方公共团体、志愿者、企业等来自民间的力量参与到老年健康服务事业中来。从次，注重多样化。日本开展的居家护理服务，主要向老年人提供医疗保健、福利及各种综合性服务，以满足不同层次、不同身体健康状况的老年人的需要，包括老年保健、长期照顾、日托、短时托付服务等多种方式。由市町村老人保健设施提供，包括老人保健服务所、老人家庭护理站、老人公寓、日托中心、老人护理中心等。最后，注重专业化。从事护理服务的专业人才必须在大学或专门学校学习过专业知识，毕业后经全国统一考试合格后，还要经过一段时间的严格培训才能上岗工作。同时，教育领域开设老年福利、社会工作等学科专业，旨在为老年健康服务产业持续供应相关人才。日本还利用现代科技为老年健康服务保驾护航，近年来，利用物联网技术改善老年人的生活已经成为日本科技公司的研发特点。目前，日本老年健康服务领域的物联网技术几乎涵盖老年人生活、高龄者护理的方方面面。

美国最典型的老年健康服务产业供给模式主要是老年人全面照护计划服务项目（Program of All Inclusive Care for the Elderly，PACE）和老年人居家养老服务项目（Home and Community Based Services for the Elderly，HCBS）。自 20世纪 70 年代以来，美国为应对人口老龄化趋势下老年健康服务需求的增加，建立了以老年人全面照护计划为主的相对成熟的社区老年健康服务体系，旨在采用一种全方位、个性化、团队化的方式为老年人群提供健康服务。一个典型的 PACE 主要包括健康服务（基本医疗、专科诊疗、住院治疗）、康复服务（物理治疗、作业治疗、娱乐治疗及心理治疗等）、支持性服务（送餐服务、协助沐浴服务、家政清洁服务、接送服务等）项目。一个完整的 PACE 服务团队会针对老年人的需求和健康状况进行测评，包括身体、医疗、心理、社会及文化等方面的整体功能性。PACE 是由美国政府调动市场力量基于社区为老年人提供居家养老服务的综合体系，可帮助老年人居住在自己家中并保持一种独立、有尊严、有质量的晚年生活。而 HCBS 是一种可以让老年人在家中享受到便捷生活和医疗照护服务的老年人长期照护制度，更加适合年轻的、身体健康状况较好的老年人。其养老资金主要来源于医疗保险，其他部分来源于个人储蓄、社会捐助和机构救助，并由资源中心在各州设立照护管理组织（Care Management Organization，CMO），负责管理照护补助资金的使用及长期照护服务，包括家庭照护、社区合居设施和机构照护等，有不同的服务供参加者选择。在提供服务方面，美国采用个案管理的方法，委托机构对需要全方位照护的老年人进行评估，根据现有的资源进行协调和整合，提供有针对性的服务。目前，美国已经形成了较为全面的养老照护与老年人健康服务系统，全面覆盖身体状况从健康到衰弱，生活自理程度从能够独立居家生活到需要辅助生活的各阶段老年人。美国的老年健康服务产业链较完备且高度发达，辐射推动了老年健康产业的发展。老年健康产业细分为五大类，分别为家庭及社区保健服务、医院医疗服务、医疗用品服务、健康风险管理服务和长期护理服务，就具体的产业载体而言，涵盖医疗机构、养老院、居家照护、远距离医疗照护与健康保险五部分。美国的老龄超市为居家老人提供旅游咨询、保健医疗、传播信息、异地养老等多方面的服务。美国通过扶持培育第三部门来承担健康老龄服务的具体事务，如照料老人、家庭纠纷调解、医疗保健、助老购物、再就业培训、定期探望、电话陪聊等，采取了税收减免、财政补贴等各种扶持措施鼓励人们积极参与志愿服务。随着信息技术的发展和先进设备的研发，大力开发家庭智能养老监测系统，互联网与电脑、电视、电话和一系列传感器共同组成了一个监测网络，如家里一段时间没动静或系统评估发现老人的行为异常，系统就会向其子女或邻近机构发出警报。美国已经形成了较为完善的社会老年服务体系，服务内容和方式的多样化促进了专业化的老年健康产业人才培养。在居家养老护理方面，美国有专业的家庭保健人士。其中，家庭保健服务由家庭保健医生或护士提供专业或辅助专业人员的护理照护，并形成了学士、硕士、博士等多层次的养老护理人才梯度，其中注册护士必须具备硕士及以上学历和熟练的专业知识技能。

　　为积极应对老龄化，英国鼓励发展社区照料的社会医疗制度，英国的社区照顾坚持"以人为本"的宗旨，以政府为主导，以英国国民健康服务体系（National Health Service，NHS）为保障。通过对社区医养资源进行合理化整合与分配，英国为居家老人提供全方位的医疗、预防保健和公共卫生等医疗服务，包括免费服务（财政拨款）和收费服务。该模式在服务内容方面分为"社区内照料（Care in the Community）"和"由社区照料（Care by the Community）"两类。其中，"社区内照料"由政府直接干预；而"由社区照料"是指非规范性养老照料。面对越来越严重的高龄化、失能化难题，英国在社区照料的基础上进一步探索了"整合照料"模式。整合照料模式分为三个层次。第一层次为体系上统筹整合不同区域和不同管理部门的资源，政府强力推动促进体系层次的整合。第二层次主要是机构之间配合或者机构内部的分工协调，按照英国的法规政策，要求医疗机构和社会服务机构之间协调配合，比如同时在一个管理系统下的长期性照护与急性照护之间的相互配合。第三个层次主要是个人层面，指给予老人所能接受的全方位的照料。英国的老年健康服务充分体现了医疗机构与社区结合的优势，实行从社区照护到综合照护的健康服务模式，在社区中配备健康访视员，定期到老年人家中探视，提供治疗、康复、营养等方面的服务和建议，并建立医院与社区的联系。据英国政府统计，目前英国95%的老年健康服务活动都在社区进行，社区有老年公寓、日间照护中心、老年活动中心、护理机构等设施。为改善老年人健康照护和社会支持相对孤立的情况，英国努力推动"综合照护服务"，该服务是针对养老服务中健康照护和社会照护的"双轨制"而提出的资源整合办法，旨在消除传统卫生部门和社会服务部门的分割状态，提高资源的利用率和服务质量。英国社会服务的"准市场机制"由社会资本、志愿组织等充当服务供给者，政府转向政策制定者、监管者和服务购买者的角色，地方政府建设运营的医疗和护理机构占比已经较低。逐渐由传统的政府主导型福利模式转变为混合型福利模式，服务提供主体多样化，极大地丰富了老年健康服务的项目和种类，更好地满足了老年人的服务需求。此外，英国有完备的健康老年配套法律和标准作为支撑，保证了老年健康服务领域有序、规范，也有严格的监督管理体制作为保障。

　　瑞典在20世纪90年代初期建立了国家健康照护管理委员会，主要负责家庭照护、老人照护院及其他老年照护机构的事务，其中包括照顾精神和智力残障老人的日托性质的康复中心。康复中心内有医生、康复技师、心理学家等，由他们向病人提供治疗和咨询。除了医务相关人员，康复中心还设有康乐室、手工作业室及午间用餐的餐厅和午休室等硬件设施。除此之外，政府为使老人能居住在子女附近，在普通住宅区内建立了老年公寓，以及在一般建筑住宅中修建了便于老年人居住的辅助性住宅。同时，老年人在公立医院或牙科医院治疗均免费。瑞典的老年健康服务供给模式的主要特点是照护保障的对象为全体国民，只要产生了需要，均可接受照护服务。各市的税收财源是照护服务资金的主要来源，长期照护服务津贴制度能有效减轻老年人的经济负担。老年照护管理网络使老年人能得到便捷的照护服务。瑞典地方政府很注重发展银发经济。全国 290 个市的地方政府提供对老年人的照料服务，同时，还出台了其他便利措施，如对居家养老的老人的住房进行适老改造；安装安全报警系统；提供免费特别服务和交通服务；设立老人活动中心，方便老人社会交往。此外，互联网和远程监控为居家老年人提供了更好的服务，瑞典一家公司专门为独居老人研制了移动设备"家庭访问者"，这种远程监控装置使老年人可以通过互联网远程访问其他地方，在家实现丰富的社交生活；设备同时还可以和家人共享信息，通过在手机上安装配套软件，就能够把老人的健康数据及生活状况传达给家人。除此之外，瑞典还制造了一款模拟自行车，踩动踏板，眼前的屏幕就会出现街道实景，丰富了老年人的生活。科技与养老的深度融合，一方面使居家养老适用群体扩大，即便是不便出门和缺少家人照顾的老人都可以安全、健康地选择居家养老；另一方面大大提高了老年人的生活质量，体现出瑞典养老体系维护老年人的尊严和对生命的尊重，同时，还在很大程度上完善了瑞典老年健康服务产业的发展。

芬兰作为世界上老龄化程度最高的国家之一，进入老龄社会时间早且程度较深。为了有效应对老龄化带来的冲击，芬兰以老年人服务需求为出发点和中心点，不断优化资源的供给平衡，使老年服务供给更具针对性和实效性，能够在合适的时间、准确的地点提供有效的老年健康服务，形成了精准化的老年服务体系。芬兰在评估对象、评估内容、评估工具、评估时间、评估人员及方案设计方法等方面制定了相应标准。为充分了解老年人的身心状况、生活状况及社区服务状况等信息，研发或引进了一系列信息化评估工具，精准化识别老年服务需求。此外，芬兰将老年人服务需求分为生活照料、医疗服务、康复保健服务等种类，并根据不同的需求制定相应的老年服务供给方案，还对老年服务类型、服务范围、服务主体等进行了详细规定，从而明确不同主体的供给责任，精准化供给老年服务。此外，社会福利部门还利用先进的现代信息通信技术手段来保障老年人日常居家生活的安全。

德国老年健康产业链涉及本位产业、关联产业和衍生产业。本位产业是指养老机构设施和机构、老年房地产、老年护理服务业、老年医疗等。关联产业是指养老机构供应链上的，满足老年人深层次需求的学习、医疗保健、心理咨询等。衍生产业是指老年储蓄投资理财产品、长期护理保险产品等。德国的老年健康服务提供模式主要有居家服务、机构服务、专家照料院和老年照护院。居家服务包括上门护理、日间照料和监护式服务；机构服务提供一般医疗、护理和照顾；专家照料院由专业人员为失能、半失能老年人提供服务；老年照护院为 65 周岁及以上需要进行康复治疗的老年人提供服务。德国引入市场机制，形成个人、社会和国家相互协作的医保体系，在这种体系下，法定的医保机构有权同市场竞争下的医院、医生和制药厂进行合作，形成联合医疗，这样就大大地节约了成本，减轻了财政负担。此外，德国还是最早建立现代社会保障制度的国家，德国非常注重法律法规对规范老年健康产业的作用，出台了《医疗保险法》《社会宝典》《老年收入法》等，形成了法律健全、体系完备、种类丰富、运行良好的社会保险制度。德国长期照护保险体系分为社会长期护理保险制度、私人长期护理保险制度以及补充护理保险制度。长期护理保险在组织架构方面实施与医疗保险制度相衔接的政策，这也意味着凡是按照法定强制义务必须参加医疗保险的居民必须同时强制参加长期护理保险，强制性的特征为德国长期照护保险乃至长期照护服务体系提供了保障。长期护理保险制度的一大创新体现在将家庭成员的照护服务纳入长期护理的保险范围，这意味着家庭中照护主体可以从长期照护行为中得到一定的回报（长期照护金），一定程度上可以刺激家庭养老主体的积极性。在长期照护和家庭养老方面，最具德国特色的是通过"储蓄时间"计划获得社区养老及居家养老的上门护理时间。为了解决照护人员短缺的问题，政府规定凡是年满 18 周岁的德国公民可以通过培训申请对老年人提供无偿的照料服务，这种照料时间的积累由社区及相关机构进行记录，将用于未来个人的照料服务时间积累。这项计划在德国广受欢迎，大量义工的加入也缓解了德国医疗人员短缺的现状。德国自 1995 年推出护理保险制度，护理保险保费相对较低，为税前收入的 2.4%，由雇主和员工各缴纳一半。护理保险不能覆盖全部护理费用，部分护理费需要自理。选择居家养老的人可向保险公司申请护理金或护理服务，也可二者同时选择。

澳大利亚政府 1980 年在全国实行"家庭和社区照料"计划，开始强调家庭与社区照护的重要性，使服务模式由机构养老转向社区养老，社区照料也成为澳大利亚老年人首选的养老方式，其主要养老模式是居住式和居家式照护服务。居住式的服务对象是经过评估无法在家进行生活的老年人，居住在养老院、老年公寓或康复中心等。居家式的服务包括提供居家养老和社区养老的服务，以及对相关服务的延伸照护和护理。1997 年通过的《老年保健法案》不仅为老年人的保健提供了法律保障，还明确了政府职责。其最主要的特点是形成了良好的社会竞争机制，使服务提供者通过竞争提高服务质量，降低政府支出。澳大利亚拥有较为健全的养老保险制度，由全面养老金制度、职业年金制度和个人储蓄性商业保险制度 3 种保险制度维系养老保险体系的正常运行，医疗费用主要来源于政府拨款。在服务提供方面，澳大利亚的老年护理院采取分等级的护理方式，设立了老年照护评估组（Aged Care Assessment Team，ACAT），对老年人的医疗需求和心理需求进行评估，找到最适合老年人的照护方式。ACAT 一般由老年病学专家、护士、理疗师、营养师以及其他相关的社会工作者组成，负责对申请护理的老年人健康状况进行评估，并帮助他们及其照顾者获得适当水平的、连续性的支持和帮助。ACAT 的存在使得澳大利亚的老年护理更加精准高效，节省了大量的医疗服务资源，是一种效益较高的老年护理资源管理运作方式。在养老机构内还配有专业营养师，老年人入住养老院以后，有专门的物理治疗师根据老年人各自不同的状况制订康复计划。澳大利亚对居家老人采用家庭医生负责制，家庭医生每周到家里看望老年人一次，对老年人的身体进行评估。自配人员进行家庭护理者可以得到一定的现金补贴，国家并为其提供休假等福利。

3.2 中国老年健康服务产业发展实践的经验

中国老年健康服务业起步晚，但发展迅速，当前市场已初具规模，相关产业链正逐步建立，处于多样化业态创新、多种模式并存的发展阶段。国家卫生健康委围绕建立完善老年健康服务体系，增加老年健康服务供给，提高老年健康服务水平开展多项工作，出台《关于建设完善老年健康服务体系的指导意见》，以推动建立包括健康教育、预防保健、疾病诊治、康复护理、长期照护和安宁疗护六个环节覆盖城乡、综合连续的老年健康服务体系。《"十四五"健康老龄化规划》中也提到促进建立综合连续、覆盖城乡的老年健康服务体系，老年健康保障制度更加健全，老年人健康需求得到更好满足，老年人健康水平不断提升。虽然我国目前尚未建立起统一的老年健康服务产业模式，然而老年健康的现实需求极大地推动了老年健康服务行业的融合及发展。近年来出现了形式多元的老年健康服务模式，多数是由市场需求催生、地方自发探索形成的老年健康服务实践。

北京市的老年健康服务实践，一是通过互联网助推老年健康服务升级，打造居家健康养老服务平台，目前，该平台认证护士已近2万人，护士上门服务已覆盖北京、上海、广州等全国200多个地级市。平台推出医养服务、护士上门服务、护工护理服务等三大服务，由执业护士利用业余时间上门完成输液、导尿等15项护理以及健康指导服务，增加了老年健康服务提供的可及性与效率。二是创建国内首家专注于老年健康产业及健康管理的交互电商平台，提供六大板块专业全面的老年人健康服务。三是注重老年健康大数据的采集和使用，分析老年人需求内容、消费倾向，整合老年用户的信息数据，为老年人及其子女、企业、行业管理提供精准、全面的老年群体信息和相关的服务项目，从而打造完整的健康养老产业链。四是加快老年健康服务行业标准建设，并要求有关部门在现有政策基础上，积极研究相关扶持政策，尽快出台老年健康服务试点的行业规范及标准、质量评价体系。

上海市的老年健康服务实践，一是建立个性化的高端会员制养老社区，开启老年健康服务产业发展新思路。社区内无障碍化设计高标准全配置的公寓楼和生态型的户外环境，为老年人提供安全舒适的居住和活动空间；配备专业的护理医院和颐养院，功能齐全的健康会所、配餐中心、老年大学，宽敞的图书馆、文体活动室，舒适的茶憩栈、咖啡厅，标准的门球场、迷你高尔夫球场，为实现老年健康新生活开拓了思路；专业对口、训练有素的服务人员，尊重和保护会员的私密、自由，提供最人性化的生活、健康、娱乐领域的照料和服务；引进爱玛克（美国）、索迪斯（法国）、美格菲（中国香港）、曙光医院（中国上海）等服务机构，分别提供物业、餐饮、健身、医疗服务。现代服务业融入传统的养老业，使养老在传统意义上实现了质的飞跃。二是将"智能"元素嵌入机构、社区、家庭，大力推动老年健康服务领域信息化建设，不断深化惠民应用，同时持续加大服务保障力度。浦东新区智能产业园从"智能核、健康层、生活圈、交易链、产业化"等方面着手，赋能老年人健康方面的智能预防、智能医护、智能康复、智能助残等创新产品的研发，聚焦老年慢性病等重大疾病的预防与治疗端，推进辅助老年人生活和心理安抚等方面的家庭服务机器人、情感陪护机器人等产品的研发。三是聚焦失能、失智老年人刚性需求，加强针对性、连续性、专业化健康服务供给，同时以社区居家为重点。充分发挥社区卫生服务中心医养结合平台功能，为老年人提供方便、有效、可及的"家门口"健康服务。

香港的老年健康服务体系包括三个子系统：老年长者社区照顾及支援服务、安老院舍照顾服务及其他长者支持和发展性服务。其中，老年长者社区照顾及支援服务是该体系中最重要的组成部分，承担着为选择居家与社区养老的老年人提供从生活照护到精神慰藉的全方位服务的责任。香港的老年健康服务已形成了"政府—商界—第三部门"的三方合作供给模式。政府主要起引导、规范、兜底的作用，承担三方面职责：一是政策调控，如制定相关规划及法律，并对其他服务提供部门的活动进行监督、激励与约束；二是提供物质支援，如为老年人志愿服务机构提供部分资金支持，建设老年人社区服务硬件设施等；三是向老年人提供基本社会保障及紧急救助服务等。商界主要指企业养老服务机构，其作用主要包括提供政府无法提供的老年人福利服务，弥补政府和非政府组织能力的局限；积极资助老年慈善基金，带动整个社会关爱长者的氛围。第三部门主要是由政府资助的非官方组织，他们弥补了政府和商界未能涉及的空白领域，其提供的服务内容从基本的照顾服务到老年人发展性服务都有所涉及，充分满足了老年人各层次的需求。

山东省秦皇岛市实施养生康复与医疗旅游融合的产城一体发展思路，打造健康城，发展老年健康服务业，主要包括综合医疗、养生康复与医疗旅游、健康研发与培训教育、商务会展、康体休闲与文化娱乐、健康地产六个方面。健康城实施生态优先、共享复合、产城互动理念，健康城的公共服务与健康服务功能是复合的，也就是共享医疗、教育、康体等公共服务功能和绿地景观，按照共享资源的服务范围和空间联系，形成一个脉络分明的有机整体，达到资源的最优化配置，有序布置医疗服务、商业服务、文化娱乐、康体休闲、滨水休闲等各类公共活动中心，串联休、疗、养的核心组成部分，形成具有活力的健康轴线，打造品牌。青岛市则积极探索实践老年健康服务型养老护理服务模式，将老年健康服务专护病房设在二级或三级医院，积极协调民政、卫生、财政等部门，探索试点老年健康养老服务；推行"公建民营"，将现有的政府办敬老院托管给医疗机构或民营企业，通过多种形式提供老年健康服务。医疗机构与养老机构一体运行，功能完善、资源丰富的医疗资源与养老机构共享，将医疗护理专业化服务与规范化管理直接"移植"到养老机构。

黑龙江省充分发挥良好的生态优势，大力发展候鸟式老年健康服务产业，利用整体的生态化、独特的气候条件及全国领先的绿色食品供应体系发展养生养老旅游融合业态。生态养老旅游名镇分布在黑龙江冬夏旅游精品线路上，发挥整体性生态资源优势，推动了养老、旅游、健康和绿色食品产业融合发展。同时黑龙江省以丰富的人才优势和领先的科技创新，不断促进老年健康服务产业创新和提升产业附加值；频繁的国际交往，进一步拓宽了老年健康服务产业的国际视野，推动开展国际老年健康服务产业合作；借助于大数据的老年健康服务更具针对性，能便捷地整合各类健康服务资源。

广东省利用地方中医药养生文化背景发展老年中医药养生体验旅游服务业态，分为生态类、人文类、体验类三类。其中，生态类以中药种植加工、自然景观为主，人文类以中医药人文景观如博物馆、历史遗迹为主，体验类以提供中医药养生服务为主，如按摩足浴、养生药膳、温泉疗养、芳香疗法等。在管理中，中医药表达了对资源的要求，养生体现了对文化消费的引导，旅游强调了对老年人体验的服务。汕头市还充分发挥康复医疗在老年医疗服务中的作用，推进康复医疗重心从医院向社区延伸，为老年人提供早期、系统、专业、连续、就近、可负担的康复医疗服务。同时，汕头市大力发展老年护理服务，建立完善以机构为支撑、社区为依托、居家为基础，以老年人需求为导向的老年护理服务网络，推进中医医院与老年护理院、康复疗养机构等开展合作，开展中医特色老年人康复、护理服务。推动"互联网＋护理服务"发展，为老年人提供康复护理服务，同时，推进"互联网＋医疗服务"，为老年人提供远程健康监测和咨询服务等。

江苏省以养老机构为依托，以社区养老服务中心为支点，把养老机构专业化的养老服务延伸到家庭，为有失能老人的家庭提供适老化改造、专业护理、远程监测等养老服务。通过对老年人的家庭进行适老化改造后将养老服务链接到老人家里。通过智能床垫、人体感应小夜灯、呼叫器等智能设备，提供家庭养老床位服务的机构，可以实时监测老年人的身体状况，老年人若有需求还可以通过呼叫器一键呼叫养老服务。这一模式也实现了老年人在家享受照护服务的需求，同时得到了机构养老的专业健康服务。

浙江省积极推进科技赋能智慧养老，通过打造"浙里养"智慧养老服务平台等数字化举措，形成"一个平台管理全省养老服务、一组数据掌控养老服务态势、一张地图展示养老资源信息、一部手机通办养老服务事项、一套政策服务全省养老体系"综合服务机制，以数字化作为突破养老服务发展不充分、供需对接不顺畅的重要路径，助推全省养老服务智慧化水平提升。目前，浙江已实现居家养老服务照料中心城乡社区全覆盖，乡镇（街道）覆盖率也达到75%以上，全省 1.3 万余个助餐配餐服务点，每天服务近百万老年人口。宁波市海曙区搭建覆盖辖区 62 个居家养老站点的养老服务信息平台，并对接需求，以 500 多支志愿服务团队和公益组织为支撑，进行线上线下的互动，让服务延伸到老人身边，为他们提供无偿、低偿或者有偿的老年健康服务，老人通过电话、手机微信、网络留言等方式告知求助信息，平台整合第三方服务资源，提供相应的服务。此外，温州市作为全国第二批老年健康服务试点城市，积极探索老年健康服务的不同模式，通过完善基层医疗卫生服务网点体系、统筹社会资源、开拓社区居家养老服务功能、建立专项慈善基金等措施逐步推进医养无缝对接。

安徽省着力构建老年健康支撑体系，满足多层次、多样化的老年健康服务需求。各级各类医疗机构建立方便老年患者挂号就诊的绿色通道，并完善电话、网络、现场等多种预约挂号方式，解决老年人在就医方面的"数字鸿沟"问题。全省开设老年人绿色通道的一级及以上医疗卫生机构占比达95.55%。安徽省还建立了一支来自高等院校、科研机构、机关及企事业单位、社会组织且具有丰富老年医学、慢病管理和医养结合管理等方面经验的专家学者组成的安徽省老龄健康专家库，实行动态管理，充分发挥专家学者在老年健康工作中的作用。此外，创建示范性老年友好型社区，鼓励基层医疗卫生机构为高龄、失能、行动不便等居家老年人提供家庭病床、巡诊等上门医疗服务，推进乡镇卫生院和村卫生室一体化管理，更好满足老年人"家门口"健康服务需求。

湖北省武汉市积极开展老年友善医疗机构建设，老年病医院开展老年健康综合评估工作，综合医院积极推进老年病科建设，各医疗机构开展智慧助老行动，优化流程，切实解决老年人运用智能技术困难的问题，方便老年人就医；社区卫生服务中心开展医养融合康复服务中心试点，方便就近为居家老年人提供健康管理，在医疗机构、护理院和医养结合等机构开展安宁疗护试点，提供缓和医疗与安宁疗护服务。率先试点"老年健康服务"养老院性质的社区卫生服务中心，收治生活不能自理、卧床和临终关怀等失能老人。襄阳市开展老年综合服务中心服务项目，着眼于保障老年健康基本公共服务，采取政府主导、依托社区、社会参与的模式，进一步发挥政府托底功能，通过购买服务、公建民营等方式，引导和支持社会力量参与老年健康服务，鼓励社会力量举办规模化、连续化的专业服务机构，进一步健全完善居家养老服务信息平台，开展"互联网＋医养"服务，推进智慧医养建设，建立资源整合、多元协同、供需匹配、数据融通的老年健康服务体系，为老年人提供全方位、多层次、专业化、精细化的老年健康服务。

广西壮族自治区鼓励完善居家和社区养老服务，建设多功能、多元化的社区居家养老服务体系；支持养老服务业与其他产业相互融合，推进健康养老服务多业态共同发展；积极发展健康旅游、中医药养生等产业，努力打造具有广西特色的健康养老产业小镇。南宁、北海、柳州等城市已开始初步探索健康养老养生产业与当地生态及人文环境相适应的发展思路，建立集居家养老、护理照料、文化娱乐等功能于一体的社区。南宁市将养老机构和医疗资源有效结合，一是积极鼓励有条件的社会医疗单位创办医疗康复相结合的养老机构；二是鼓励养老机构在符合医疗机构设置规划和医疗机构基本标准的前提下，经审查批准后内设医疗机构，实现"医养合一"，并将符合条件的养老机构纳入医疗定点范围。

中国人民健康保险股份有限公司与德国健康保险股份公司开展专业合作，引进先进技术，有机结合国内健康保险业务特点，在保险业内第一个提出"健康保险＋健康管理"的经营理念，建立了涵盖医疗保险、疾病保险、护理保险、失能收入损失保险等健康保险全部领域的专业化体系，构建了以"诊疗绿色通道、慢性病管理、家庭医生、异地转诊"为核心服务项目的专业化健康管理服务体系，建立了"病前健康管理、病中诊疗监控、病后赔付核查"的"三位一体"的全流程医疗风险管控机制，打造了运行稳定、便捷高效的专业化运营管理平台，公司专业技术能力快速提升，在专业健康保险市场中占比达 90.0％，处于领先地位。

第4章 中国老年健康服务产业政策研究

本章通过系统梳理 1949 年至今国家出台的老年健康服务政策，总结我国老年健康服务政策演进特点，然后对中国老年健康服务相关政策进行政策工具分析，分析政策体系的优势与不足，提出完善我国老年健康服务产业政策的建议。

4.1 中国老年健康服务产业政策演进历程

针对人口老龄化的问题，世界卫生组织于 1987 年首次提出"健康老龄化"，并于 1990 年把"健康老龄化"作为应对人口老龄化的发展战略。2002 年，联合国第二届世界老龄大会把"健康老龄化"概念进一步拓展为"积极老龄化"，将健康、保障和参与作为"积极老龄化"的三大支柱，其中"健康老龄化"仍然是该政策框架的核心。"积极老龄化"政策框架的提出标志着国际社会较为成熟的老龄观念的形成，为各国政府应对老龄化问题提供了政策依据。

中国政府也引入了"积极老龄化"这一政策框架，在《国民经济和社会发展第十一个五年规划纲要》《关于全面加强人口和计划生育工作统筹解决人口问题的决定》和《国民经济和社会发展第十二个五年规划纲要》中多次提出"积极应对人口老龄化"。2012 年底，《中华人民共和国老年人权益保障法》（修订版）明确提出"积极应对人口老龄化是国家的一项长期战略任务"，将"积极应对人口老龄化"纳入法律框架，上升为国家意志。2013 年，《中共中央关于全面深化改革若干重大问题的决定》提到，"积极应对人口老龄化，加快建立社会养老服务体系和发展老年服务产业"。"积极应对人口老龄化"已经成为国家的一项基础性、全局性和长期性的发展战略。中国健康老龄化政策主要从五个重点方面推进。

4.1.1　明确发展方向及思路阶段

2013 年 9 月，国务院印发《关于加快发展养老服务业的若干意见》（国发〔2013〕35 号），对加快发展老年健康服务业做出系统安排。明确将积极推进医疗与养老纳入未来养老服务业发展的六大主要任务。该文件是老年健康服务产业政策出发的原点。同年，国务院印发《关于促进健康服务业发展的若干意见》（国发〔2013〕40 号），再次把加快发展老年健康服务，推进医疗机构与养老机构等加强合作，统筹医疗服务与养老服务资源，合理布局养老机构与老年病医院、老年护理院、康复疗养机构等，形成规模适宜、功能互补、安全便捷的老年健康服务网络作为主要任务提出。2015 年，国家发展改革委、民政部、全国老龄办三部门联合印发《关于进一步做好养老服务业发展有关工作的通知》（发改办社会〔2015〕992 号），在国发〔2013〕35 号的基础上，再次对推进医养融合发展做出了更加具体和明确的部署，包括督促政策落实、加大投入力度、推进改革试点等。

4.1.2　开展试点探索经验和方法

一是开展养老服务业综合改革试点和国家级医养结合试点。2013 年，民政部办公厅、国家发展改革委办公厅发布《关于开展养老服务业综合改革试点工作的通知》（民办发〔2013〕23 号），提出开展养老服务业综合改革试点工作的要求，试点工作重点围绕健全养老服务体系、引导社会力量参与养老服务、改善养老服务发展政策、强化城市养老服务设施布局、创新养老服务供给方式、培育养老服务产业集群、加强养老服务队伍建设、强化养老服务市场监督等 8 个方面开展。2014 年，民政部办公厅、国家发展改革委办公厅印发《关于做好养老服务业综合改革试点工作的通知》（民办发〔2014〕24 号），确定北京市西城区等 42 个地区为全国养老服务业综合改革试点地区。2016 年，国家卫生计生委和民政部先后发布《关于确定第一批国家级医养结合试点单位的通知》（国卫办家庭函〔2016〕644 号）和《关于确定第二批国家级医养结合式点单位的通知》（国卫办家庭函〔2016〕1004 号），分两批确定全国 90 个市（区、县）为医养结合试点单位，要求各地结合实际，统筹资源，积极探索地方医养结合的不同模式，积累经验、逐步推开、建立机制，确保试点取得积极进展，收到良好社会效果。2017 年 11 月 2 日，国家卫生计生委办公厅印发《关于印发"十三五"健康老龄化规划重点任务分工的通知》（国卫办家庭函〔2017〕1082 号），提出计划选择合适省份或地区开展老年心理健康管理项目试点。到 2020 年，老年心理健康管理试点覆盖全国 1 600 个城市社区（每省 50 个）、320 个农村社区（每省 10 个）；建设一批综合性医养结合服务机构示范基地和社区示范基地；建设一批医养结合示范基地；在 6 个城市开展智慧健康养老服务的试点工作等"十三五"期间的重点工程。

二是开展信息技术在老年健康服务中的应用试点。2014 年，国家发展改革委、民政部、国家卫生计生委发布《关于组织开展面向养老机构的远程医疗政策试点工作的通知》（发改高技〔2014〕1358 号），指定北京市、湖北省、云南省开展政策试点工作，研究建立面向养老机构的远程医疗政策体系和服务体系。2016 年，国家发展改革委等三部门发布《关于同意在北京、湖北、云南开展面向养老机构的远程医疗政策试点工作的通知》（发改高技〔2016〕623 号），指定北京市、湖北省、云南省 3 家医院、5 家福利院（老年公寓）为试点单位，开展远程医疗政策试点工作，为在全国养老机构推广应用远程医疗，推动医养融合发展，提供实践基础和借鉴经验。要求试点地区在远程医疗的操作规范、责任认定、激励机制、服务收费、费用报销等方面，研究制定适用于面向养老机构的远程医疗发展的相关政策、机制、法规和标准，探索市场化的远程医疗服务模式和运营机制。2015—2016 年，国家卫生计生委联合工业和信息化部在杭州、厦门、青岛、武汉、广州、绵阳等 6 个城市开展智慧健康养老基地示范项目，推动新一代信息技术在医养结合服务中的应用。2017 年，工业和信息化部、国家卫生计生委、民政部等部门制定印发《智慧健康养老产业发展行动计划（2017—2020 年）》（工信部联电子〔2017〕25 号），在"十三五"期间培育 100 个智慧健康养老示范企业、500 个智慧健康养老示范社区，创建 100 个具有区域特色、产业联动的智慧健康养老示范基地。2021 年，工业和信息化部、民政部、国家卫生健康委三部门联合发布《关于印发〈智慧健康养老产业发展行动计划（2021—2025 年）〉的通知》（工信部联电子〔2021〕154 号），提出持续推进试点示范建设，拓展试点示范类型。在现有试点示范的基础上，面向不少于 10 个应用场景，再培育 100 个以上示范企业，50 个以上示范园区，150 个以上示范街道（乡镇）及 50 个以上示范基地，进一步强化示范引领效应，并且推动建设 5 个以上公共服务平台，建立智慧健康养老标准体系，研究制定 20 项以上行业急需标准。

三是开展老年健康服务人才培养职业院校示范专业试点。2014 年，教育部办公厅、民政部办公厅、国家卫生计生委办公厅发布《关于遴选全国职业院校养老服务类示范专业点的通知》（教职成厅函〔2014〕50 号），提出通过试点示范，全面带动相关职业院校养老服务类专业点的建设。其中，高等职业学校重点建设专业包括老年服务与管理、护理（老年护理方向）、家政服务（老年服务方向）和社区康复（老年康复方向）等养老服务相关专业；中等职业学校重点建设专业包括老年服务与管理、护理（老年护理方向）、家政服务与管理（老年服务方向）等养老服务相关专业。2016 年教育部办公厅、民政部办公厅、国家卫生计生委办公厅发布《关于公布首批全国职业院校养老服务类示范专业点名单的通知》（教职成厅函〔2016〕31 号），确定了全国 31 个省（区、市）、65 个院校为首批试点院校，要求试点地区教育、民政、卫生计生部门在政策、资金和项目安排等方面对示范专业点建设予以倾斜支持，做好跟踪指导、经验总结和宣传推广工作。各相关职业院校主动适应区域经济社会发展和养老服务业发展需要，完善并落实好专业建设规划，深化产教结合、校企合作，深化专业课程改革，加强师资队伍和实训基地建设，在更大范围内发挥示范辐射作用，带动全国职业院校养老服务类专业建设水平的提高。

四是开展老年健康保险筹资模式保险制度试点。2016 年，人社部办公厅发布《关于开展长期护理保险制度试点的指导意见》（人社厅发〔2016〕80 号），提出在全国范围启动长期护理保险制度试点工作，首批试点地区包括上海、广州、青岛等 15 个城市，将用 1 到 2 年的时间，探索为长期失能人员基本生活照料和医疗护理提供保障的社会保险制度，力争在 2020 年之前，基本形成适应我国社会的长期护理保险制度政策框架。2017 年国务院印发《关于加快发展养老保险的若干意见》（国办发〔2017〕59 号），提出发展商业养老保险，对于健全多层次养老保障体系，促进养老服务业多层次多样化发展，应对人口老龄化趋势和就业形态新变化，进一步保障和改善民生，促进社会和谐稳定等具有重要意义，并且力争到 2020 年商业养老保险成为个人和家庭商业养老保障计划的主要承担者、企业发起的商业养老保障计划的重要提供者、社会养老保障市场化运作的积极参与者、养老服务业健康发展的有力促进者、金融安全和经济增长的稳定支持者。

4.1.3 规划引领发展目标阶段

2015年3月,国务院办公厅印发《全国医疗卫生服务体系规划纲要(2015—2020年)》(国办发〔2015〕14号),就医养结合工作进行了专节论述,从推进医疗机构与养老机构等加强合作和发展社区老年健康服务等方面进行了规划部署。2015年5月,国务院办公厅印发《中医药健康服务发展规划(2015—2020年)》(国办发〔2015〕32号),对积极发展中医药老年健康服务工作进行了专节论述,提出发展中医药特色养老机构、促进中医药与养老服务结合、支持养老机构开展融合中医特色健康管理的老年人养生保健、医疗、康复、护理服务,明确部署了开展中医药与养老服务结合试点工作,要求从合作模式、服务内容、人才培养等方面进行探索。2015年11月,国务院办公厅发布《关于推进医疗卫生与养老服务相结合的指导意见》(国办发〔2015〕84号),就进一步推进医疗卫生与服务相结合做出了全面部署,提出到2020年,所有医院均开设老年人就诊绿色通道,所有养老机构均能够以不同形式为老年人提供医疗服务的目标。明确了建立健全医疗卫生机构与养老机构合作机制、支持养老机构开展医疗服务、推动医疗卫生服务延伸至社区和家庭、鼓励社会力量兴办医养结合机构、鼓励医疗卫生机构与养老服务融合发展五项具体任务,并从投融资和财税价格政策、规划布局和用地保障、长期照护保障体系、人才队伍建设和信息建设等方面提出了保障措施。

2016年2月,国务院印发《中医药发展战略规划纲要(2016—2030年)》(国发〔2016〕15号),对发展中医药老年健康服务做出明确部署,并提出鼓励社会资本新建以中医药健康养老为主的护理院、疗养院,探索设立中医药特色医养结合机构,建设一批医养结合示范基地。2016年3月,《中华人民共和国国民经济和社会发展第十三个五年规划纲要》明确提出,"十三五"期间要建立以居家为基础、社区为依托、机构为补充的多层次养老服务体系,推动医疗卫生和养老服务相结合。2016年6月,民政部、国家发展改革委发布《民政事业发展第十三个五年规划》(民发〔2016〕107号),对发展养老服务进行了专章论述，提出了推进居家和社区养老服务、加强养老服务机构建设、促进医养结合、创新投融资机制、探索建立长期照护保障体系等具体任务。2016 年 10 月 25 日，中共中央、国务院发布《"健康中国 2030"规划纲要》，在加强重点人群健康服务章节，再次提出"促进健康老龄化"，并进行专节论述，内容包含推进老年医疗卫生服务体系建设、健全医疗卫生机构与养老机构合作机制、推进中医药与养老融合发展、鼓励社会力量兴办医养结合机构、强化老年人健康管理、建立多层次长期护理保障制度等。2016 年 11 月 18 日，国家卫生计生委发布《全国护理事业发展规划（2016—2020 年）》（国卫医发〔2016〕64 号），将逐步健全老年护理服务体系作为发展目标之一，明确要不断加强老年护理服务队伍和机构建设，发展社区和居家护理服务，进一步促进医养结合、安宁疗护以及护理服务业发展，不断满足老年人健康服务需求。2016 年 12 月 27 日，国务院发布《"十三五"卫生与健康规划》，提出"推动医疗卫生与养老服务融合发展"的主要任务，要求"统筹医疗卫生与养老服务资源，创新老年健康服务模式，建立健全医疗机构与养老机构之间的业务协作机制。鼓励二级以上综合性医院与养老机构开展对口支援、合作共建。推动二级以上综合性医院与老年护理院、康复疗养机构、养老机构内设医疗机构等之间的转诊与合作，支持养老机构按规定开办医疗机构，开展老年病、康复、护理、中医和安宁疗护等服务。推动中医药与养老结合，充分发挥中医药在养生保健和疾病康复领域优势。"同日发布的《"十三五"深化医药卫生体制改革规划》，提出"促进医疗与养老融合，发展健康养老产业。支持基层医疗卫生机构与老年人家庭提供签约医疗服务，建立健全医疗卫生机构与养老机构合作机制，支持养老机构开展康复护理、老年病和临终关怀服务，支持社会力量兴办医养结合机构"。

2017 年 2 月，国务院印发《"十三五"国家老龄事业发展和养老体系建设规划》，就"推进医养结合"工作进行专节论述，提出"完善医养结合机制。统筹落实好医养结合优惠扶持政策，深入开展医养结合试点"。"大力开发中医药与养老服务相结合的系列服务，鼓励社会力量举办以中医药健康养老为主的护理院、疗养院"。"支持养老机构开展医疗服务""鼓励职业医师到养老机构设置的医疗机构多点执业，支持有相关专业特长的医师及专业人员在养老机构开展疾病预防、营养、中医养生等非诊疗性健康服务"以及"对养老机构设置的医疗机构，符合条件的按规定纳入基本医疗保险定点范围"等具体措施。2017 年 3 月，国家卫生计生委发布《"十三五"健康老龄化规划》，将医养结合纳入"十三五"健康老龄化工作发展目标，提出"积极推动医养结合服务，提高社会资源的配置和利用效率""推动发展中医药（民族医药）特色医养结合服务""鼓励医养结合服务机构参与人才培养全过程，为学生实习和教师实践提供岗位"等具体任务措施。此外，为确保各项重点任务落到实处，国家卫生计生委办公厅、民政部印发《医养结合重点任务分工方案的通知》（国卫办家庭函〔2016〕353 号），明确了医养结合工作涉及 18 个部门的 36 项重点任务。其中，32 项任务需卫生部门牵头或配合实施，25 项任务需民政部门牵头或配合实施，涉及人社、发改、财政等部门的任务分别为 11 项、9 项、8 项。国家卫生计生委进一步将重点任务细化分工，印发《关于印发医养结合重点任务分工方案的通知》（国卫办家庭函〔2016〕340 号），责任落实到包含医政医管局、基层司、家庭司、规划司、体改司等 14 个司局。2017 年 11 月，国家卫生计生委办公厅印发《关于印发"十三五"健康老龄化规划重点任务分工的通知》（国卫办家庭函〔2017〕1082 号），明确加强老年健康教育、推动开展老年人心理健康与关怀服务、加强医疗卫生服务体系中服务老年人的功能建设、大力发展医养结合服务、健全基本医疗保障制度、积极发展老年健康产业、切实加强老年健康服务人员队伍建设等 16 项重点任务。责任落实到国家卫生计生委、国家发展改革委、教育部、工业和信息化部、民政部、财政部、人力资源社会保障部、国土资源部、住房和城乡建设部、国家体育总局、国家中医药管理局、中国残联、全国老龄办等政府部门。

2019 年 10 月，国家卫生健康委、国家发展改革委、教育部、民政部、财政部、人力资源社会保障部、国家医保局、国家中医药管理局联合印发《关于建立完善老年健康服务体系的指导意见》（国卫老龄发〔2019〕61 号），提出到 2022 年，老年健康相关制度、标准、规范基本建立，老年健康服务机构数量显著增加，服务内容更加丰富，服务质量明显提升，服务队伍更加壮大，服务资源配置更趋合理，综合连续、覆盖城乡的老年健康服务体系基本建立，老年人的健康服务需求得到基本满足的主要目标。2020 年 5 月，全国老龄办印发《关于在常态化疫情防控中做好老年人照顾服务工作的通知》（全国老龄办发〔2020〕

1 号），提出创新工作手段，强化工作措施，通过网络、电话预约等形式，运用微信、手机 APP 等信息化手段，同时开展家庭医生随访服务等做好常态化疫情防控中老年人健康服务，在全面落实疫情防控措施的同时，高度关注广大老年人的现实需求，切实保障老年人生命安全和身体健康。2021 年 5 月，民政部、国家发展和改革委员会印发《"十四五"民政事业发展规划》（民发〔2021〕51 号），就"全要素构建养老服务体系，在实施积极应对人口老龄化国家战略中彰显新作为"进行专章论述，提出从加强养老服务保障、优化居家社区机构养老服务网络、壮大养老服务产业、加强养老服务人才队伍建设和提升综合监管水平六个方面全要素构建养老服务体系。2021 年 6 月，国家发展和改革委员会印发《"十四五"积极应对人口老龄化工程和托育建设实施方案》（发改社会〔2021〕895 号），提出"力争到 2025 年，在中央和地方共同努力下，坚持补短板、强弱项、提质量，进一步改善养老服务基础设施条件，推动规范化、标准化建设，增强兜底保障能力，提升养老服务水平，逐步构建居家社区机构相协调、医养康养相结合的养老服务体系"。2021 年 11 月，中共中央 国务院印发《关于加强新时代老龄工作的意见》，将老龄事业发展纳入统筹推进"五位一体"总体布局和协调推进"四个全面"战略布局，实施积极应对人口老龄化国家战略，把积极老龄观、健康老龄化理念融入经济社会发展全过程，加快建立健全相关政策体系和制度框架，促进老年人养老服务、健康服务、社会保障、社会参与、权益保障等统筹发展，推动老龄事业高质量发展，走出一条中国特色积极应对人口老龄化道路。2022 年 3 月，国务院办公厅印发《关于印发"十四五"中医药发展规划的通知》（国办发〔2022〕5 号）强调要强化中医药与养老服务衔接，推进中医药老年健康服务向农村、社区、家庭下沉，从二级以上中医医院设置老年病科，增加老年病床数量，在全国医养结合示范项目中培育一批具有中医药特色的医养结合示范机构，在医养结合机构推广中医药适宜技术等发展中医药老年健康服务业。

4.1.4　夯实政策保障措施阶段

为了促进老年健康服务落地实施，相关部门先后出台了多项配套政策，如《养老服务设施用地指导意见》（国土资厅发〔2014〕11 号）、《关于加快推进养老服务业人才培养的意见》（教职成〔2014〕5号）、《关于减免养老和医疗机构行政事业性收费有关问题的通知》（财税〔2014〕77号）、《关于鼓励民间资本参与养老服务业发展的实施意见》（民发〔2015〕33号）、《关于做好医养结合服务机构许可工作的通知》（民发〔2016〕52号）、《关于运用政府和社会资本合作模式支持养老服务业发展的实施意见》（财金〔2017〕86号）、《关于深入推进医养结合发展的若干意见》（国卫老龄发〔2019〕60号）、《关于推动物业服务企业发展居家养老服务的意见》（建房〔2020〕92号）等，从保障用地、拓宽投融资渠道、鼓励社会资本投入、改善行政审批环境、加强人才培养等角度制定具体措施，保障和支持医养结合相关政策落地实施。

拓宽市场化融资渠道，探索政府与社会资本合作的投融资模式，推进政府购买基本老年健康服务，按规定落实相关支持政策。2014年8月，财政部等4部门发布《关于做好政府购买养老服务工作的通知》（财社〔2014〕105号），明确落实政府购买养老服务的责任，从购买主体、承接主体、购买内容、服务标准、资金保障、监管机制、绩效评价等方面对开展购买养老服务工作做出了明确规定。2014年11月，财政部发布了《关于减免养老和医疗机构行政事业性收费有关问题的通知》（财税〔2014〕77号），明确提出对非营利性养老和医疗机构建设全额免征行政事业性收费，对营利性养老和医疗机构建设减半收取行政事业性收费。通过减免行政事业性收费，缓解养老机构发展的资金压力。2015年4月，民政部发布《关于开发性金融支持社会养老服务体系建设的实施意见》（民发〔2015〕78号），民政部与国家开发银行提出进一步合作加大对社会养老服务体系建设的支持，支持内容包括社区居家养老服务设施建设、居家养老服务网络建设、养老机构建设、养老服务人才培训基地建设、养老产业相关项目等，以促进社会养老服务健康可持续发展，破解长期以来制约发展的融资难问题。2016年3月，人民银行等5部门联合印发《关于金融支持养老服务业加快发展的指导意见》（银发〔2016〕65号），明确建立人民银行、民政、金融监管等部门参加的金融支持养老服务业工作协调机制，加强产业政策与金融政策协调配合，综合运用多种金融政策工具，加强政策落实与效果监测，形成推进养老服务业发展的政策合力。提出完善促进居民养老和养老服务业发展的多元化融资渠道、推动完善养老保险体系建设，优化保险资金使用等任务。2021年12月，民政部、国家开发银行发布《关于"十四五"期间利用开发性金融支持养老服务体系建设的通知》，支持各地有效利用国家开发银行养老服务体系建设专项贷款，政府部门组织协调作用和开发性金融"融资融智"服务优势，国家开发银行各分行要配合政府部门做好融资规划，对申请贷款支持的项目开展尽职调查和授信评审，达到对全方位优化区域养老服务有效供给、缓解养老服务供需矛盾、健全养老服务体系等方面的示范带动作用。

引导和鼓励社会资本参与健康老年服务业发展。2014 年，商务部、民政部发布《鼓励外国投资者在华设立营利性养老机构从事养老服务公告》（商务部公告 2014 年第 81 号），鼓励外国投资者在华独立或与中国公司、企业和其他经济组织合资、合作举办营利性养老机构，并提出了相应支持政策和管理措施。2015 年，民政部、国家发展改革委等 10 部委联合印发《关于鼓励民间资本参与养老服务业发展的实施意见》（民发〔2015〕33 号），从鼓励民间资本参与居家、社区和机构养老服务、支持民间资本参与养老产业发展、推进医养融合发展、完善投融资政策、落实税费优惠政策等 9 个方面做出了相关规定，制定了优惠政策。2015 年 6 月，国务院办公厅发布《关于促进社会办医加快发展若干政策措施的通知》（国办发〔2015〕45 号），从放宽准入标准、拓宽投融资渠道、促进资源共享流动、优化发展环境等方面提出鼓励和引导社会资本举办医疗机构的措施，明确提出"非禁即入"的审核标准。2016 年 4 月，民政部、卫生计生委发布《关于做好医养结合服务机构许可工作的通知》（民发〔2015〕52 号），明确落实国务院简政放权要求，改进医养结合服务机构许可行政审批工作，打造"无障碍"审批环境。2017 年 8 月，国家卫生计生委印发《关于深化"放管服"改革激发医疗领域投资活力的通知》（国卫法制发〔2017〕43 号），提出"取消养老机构内设诊所的设置审批，实行备案制"，推动老年健康服务业的发展。2019 年 9 月，民政部印发《关于进一步扩大养老服务供给 促进养老服务消费的实施意见》（民发〔2019〕88 号），针对我国养老服务还存在有效供给不足、消费政策不健全、营商和消费环境有待改善、难以满足广大老年人多样化多层次养老服务需求等突出问题，提出从全方位优化养老服务有效供给、繁荣老年用品市场、加强养老服务消费支撑保障、培育养老服务消费新业态、提高老年人消费支付能力、优化养老服务营商和消费环境六个方面来进一步扩大养老服务供给，促进养老服务消费。

为医养结合机构发展提供用地保障。2014年4月，国土资源部办公厅发布《养老服务设施用地指导意见》（国土资厅发〔2014〕11号），针对合理界定养老服务设施用地范围、依法确定养老服务设施土地用途和年期、规范编制养老服务设施供地计划、细化养老服务设施供地政策、鼓励租赁供应养老服务设施用地、实行养老服务设施用地分类管理、加强养老服务设施用地监管、鼓励盘活存量用地用于养老服务设施建设、利用集体建设用地兴办养老服务设施等方面进行部署安排，旨在保障养老服务设施用地供应，规范养老服务设施用地开发利用管理。2016年，《关于党政机关和国有企事业单位培训疗养机构改革的指导意见》（中办发〔2016〕60号）提出，通过改革有效盘活国有资产存量，加快转型发展，促进公共资源向社会开放，支持转向健康养老等新型服务业。2020年，《关于推进党政机关和国有企事业单位培训疗养机构转型为养老服务设施的实施意见》（发改体改〔2020〕156号）进一步明确将培训疗养机构转型为养老服务设施作为改革的主要方向，不断健全养老服务体系建设。

推进教育体系建设，为医养结合工作提供人才保障。2014年6月，教育部等9部门发布了《关于加快推进养老服务业人才培养的意见》（教职成〔2014〕5号），提出通过加快推进养老服务相关专业教育体系建设、全面提高养老服务相关专业教育教学质量、大力加强养老服务从业人员继续教育、积极引导学生从事养老服务业等，实现到2020年，基本建立以职业教育为主体，应用型本科和研究生教育层次相互衔接，学历教育和职业培训并重的养老服务人才培养培训体系，培养一支数量充足、结构合理、质量较好的养老服务人才队伍的总体目标。2019年12月，国家卫生健康委印发《关于加强老年护理服务工作的通知》（国卫办医发〔2019〕22号），提出要提高老年护理从业人员服务能力，充分发挥市场机制作用，加快培训医疗护理员，提高其从业素养和专业技能。医疗机构应当加强对本机构内医疗护理员的培训，有条件的公立医疗机构、相关学协会、职业培训机构等可以为社会力量举办的医疗机构、基层医疗卫生机构及医养结合机构等提供医疗护理员培训技术支持。

4.1.5　建立和完善服务标准和效果评估机制

2014年，民政部等部门联合印发《关于加强养老服务标准化工作的指导意见》（民发〔2014〕17号），提出应充分发挥标准化工作对发展养老服务业的技术支撑作用，积极营造安全、便利、诚信的养老服务消费环境，要求加快健全养老服务标准体系的建立和落实工作，包括养老服务基础通用标准、服务技能标准、服务机构管理标准、居家养老服务标准、社区养老服务标准、老年用品标准等。2014年10月，国家发展改革委发布《关于加快推进健康与养老服务工程建设的通知》（发改投资〔2014〕2091号），分别对千人口病床数、每千老年人口养老床位数、人均体育场地面积等建设目标做出了规定。提出重点加强健康服务体系、养老服务体系和体育健身设施建设，大幅提升医疗服务能力，形成规模适度的养老服务体系和体育健身设施服务体系。2014年10月，国家卫生计生委办公厅发布《养老机构医务室基本标准（试行）》和《养老机构护理站基本标准（试行）》（国卫办医发〔2014〕57号），从房屋、设备、人员等方面对养老机构医务室和养老机构护理站设置标准做出了规定。养老机构医务室应至少有1名执业医师和1名注册护士，房屋建筑面积不少于40平方米，至少包含诊室、治疗室、处置室。养老机构护理站应至少有2名注册护士（其中1人为主管护师）、1名康复治疗人员，按需配备护理员（护士与护理员比为1∶2.5），房屋建筑面积不少于30平方米，至少包含治疗室、处置室等。两项标准的发布，促进了医养结合工作的规范化、模块化发展。2016年12月，国务院办公厅发布《关于全面放开养老服务市场提升养老服务质量的若干意见》（国办发〔2016〕91号），针对目前养老服务业供给结构不尽合理，市场潜力未充分释放，服务质量有待提高等问题，对促进养老服务业更好发展作出部署。提出全面放开养老服务市场、提升居家社区养老生活品质、建立优质养老服务供给体系工作重点，并提出了包括鼓励境外投资、优化审批流程、完善价格机制等在内的15项具体任务，责任落实到包括发改、民政等14个部门。2019年2月，国家发展和改革委员会等部门印发《加大力度推动社会领域公共服务补短板强弱项提质量 促进形成强大国内市场的行动方案》（发改社会〔2019〕0160号），针对基本养老服务体系的健全要继续加强公办养老机构建设，落实新建城区、居住（小）区按照人均不少于0.1平方米的标准配建养老服务设施，稳步提高护理型床位占比，大力发展农村互助养老服务，统筹规划建设公益性养老服务设施，推动 50% 的乡镇建有 1 所农村养老服务机构；力争到 2020 年以居家为基础、社区为依托、机构为补充、医养相结合的养老服务体系更加完善，养老床位中护理型床位比例不低于 30.0%。2020 年 7 月，民政部等 9 部门发布《关于加快实施老年人居家适老化改造工程的指导意见》（民发〔2020〕86 号），为将居家适老化改造纳入养老服务体系建设，提出通过财政补贴、社会捐赠等方式予以必要支持；科学确定购买服务内容和购买费用，实施全过程预算绩效管理；建立家庭养老床位，提供照料服务等发展措施，从而创新工作机制，加强产业扶持，激发市场活力，加快培育公平竞争、服务便捷、充满活力的居家适老化改造市场，引导有需要的老年人家庭开展居家适老化改造，有效满足城乡老年人家庭的居家养老需求，进一步健全养老服务体系。

综上，2013 年以来，国家层面先后出台老年健康服务相关政策 70 余项，对老龄健康服务工作进行了整体部署，行业发展环境得到较大改善。多个规划文件都将老年健康服务纳入其中重点阐述。为了促进政策落地实施，相关部门先后出台了多项配套政策，从保障用地、拓宽投融资渠道、鼓励社会资本投入、改善行政审批环境、加强人才培养等角度制定具体措施，保障和支持老龄健康服务政策落地实施。但是也存在一些矛盾，如在融资、医保支持、土地获得等方面，政策规定对民办非营利性养老服务机构可以划拨土地，而要民政部门认定为非营利性，先要建立相应机构，形成互为前置的矛盾；政策规定养老服务机构可通过协议出让或租赁建设用地的使用权设定抵押权，但《中华人民共和国民法典》"物权编"规定这类公益性资产不得用于抵押贷款；政策提倡举办家庭化、小型化养老机构，但小型机构往往难以达到消防安全标准，无法获得设立许可；一些机构在申请医保定点方面，存在审批周期长、环节多的问题，甚至有很多地方规定新建机构第一年运行期间不能申请医保定点；此外，部分支持性政策缺乏具体可量化政策，还有待进一步细化落实。

4.2 中国老年健康服务产业政策工具分析

公共政策理论认为，公共政策所产生的效果是由不同政策工具组合而成的政策合力效应。政策工具作为实现政策目标的一种方式，在将政策意图转化为政府行动的实践中非常重要。政策工具一定程度上代表了政府的理念，作为政策切实实施的基本手段，政策工具类型的合理划分对于政策目标的实现有直接影响。政策工具是公共政策能够发挥作用的独立单元，各类政策工具组合的方式以及政策整体反映出的结构特性，能够反映政策制定者的价值取向和设计理念。政策工具之间的搭配，可以通过时间上的前后相继，亦可以依靠空间上的各自分布，还可以通过作用靶点、意图关联配合。

4.2.1 政策文本来源及编码

遵循相关性原则和权威性原则，在政府部门、业务主管部门、主要支撑部门、专业机构等官方网站如国务院、国家卫生计生委、国家发展和改革委员会、财政部、民政部、人力资源社会保障部、全国老龄办等检索政策文本，按照以下原则进行政策文本筛选：①政策文本均是符合老年健康服务产业供给相关的通知、规划、意见等正式规范的政策文件，发文单位是国务院、国家卫生计生委（2018 年 3 月后为国家卫生健康委）、国家发展改革委、财政部、民政部、人力资源社会保障部、全国老龄办、社会福利和慈善事业促进司、自然资源部（原国土资源部）、中国银行保险监督管理委员会（2018 年 4 月以前为中国银行业监督管理委员会和中国保险监督管理委员会）、商务部、住房和城乡建设部等中央层级政府单位。②政策文本的颁布时间在 2000—2022 年，且至今仍有效实施的政策文本。③选取的政策文本均与老年健康服务产业直接相关。筛选后符合条件的政策文本 57 份，如表 4-1 所示。

表 4-1 中国老年健康服务产业政策文本集

编号	发文字号或时间	发文机关	政策名称
1	中发〔2000〕13 号	中共中央、国务院	中共中央、国务院关于加强老龄工作的决定
2	国办发〔2006〕6 号	国务院	关于加快发展养老服务业意见的通知
3	2008-01	全国老龄办等 10 部门	关于全面推进居家养老服务工作的意见
4	国发〔2011〕28 号	国务院	中国老龄事业发展"十二五"规划的通知
5	民发〔2012〕29 号	民政部	关于鼓励和引导民间资本进入养老服务领域的实施意见

续表

编号	发文字号或时间	发文机关	政策名称
6	国发〔2013〕35 号	国务院	关于加快发展养老服务业的若干意见
7	国发〔2013〕40 号	国务院	关于促进健康服务业发展的若干意见
8	民发〔2013〕23 号	民政部、国家发展改革委	关于开展养老服务业综合改革试点工作的通知
9	民发〔2013〕127 号	民政部	关于推进养老服务评估工作的指导意见
10	民发〔2014〕17 号	民政部	关于加强养老服务标准化工作的指导意见
11	民发〔2014〕47 号	民政部	关于推进养老机构责任保险工作的指导意见
12	国土资厅发〔2014〕11 号	国土资源部办公厅	养老服务设施用地指导意见
13	建标〔2014〕23 号	住房和城乡建设部等部门	关于加强养老服务设施规划建设工作的通知
14	教职成〔2014〕5 号	教育部等 9 部门	关于加快推进养老服务业人才培养的意见
15	国发〔2014〕29 号	国务院	关于加快发展现代保险服务业的若干意见
16	财社〔2014〕105 号	财社部	关于做好政府购买养老服务工作的通知
17	财办建〔2014〕48 号	财办建	关于开展以市场化方式发展养老服务产业试点的通知
18	2014–12	商务部、民政部	关于鼓励外国投资者在华设立营利性养老机构从事养老服务的公告
19	商服贸函〔2014〕899 号	商务部	关于推动养老服务产业发展的指导意见
20	发改价格〔2015〕29 号	国家发展改革委、民政部	关于规范养老机构服务收费管理促进养老服务业健康发展的指导意见
21	民发〔2015〕33 号	民政部	关于鼓励民间资本参与养老服务业发展的实施意见
22	发改办社会〔2015〕992 号	国家发展改革委等部门	关于进一步做好养老服务业发展有关工作的通知
23	国卫通〔2015〕14 号	国务院	关于发布推荐性卫生行业标准《老年人健康管理技术规范》的通告
24	国办发〔2015〕84 号	国务院	关于推进医疗卫生与养老服务相结合指导意见的通知

续表

编号	发文字号或时间	发文机关	政策名称
25	民发〔2015〕78 号	民政部	关于开发性金融支持社会养老服务体系建设的实施意见
26	民发〔2016〕52 号	民政部、国家卫生计生委	关于做好医养结合服务机构许可工作的通知
27	国卫办家庭发〔2016〕340 号	国家卫生计生委	关于印发医养结合重点任务分工方案的通知
28	人社厅发〔2016〕80 号	人力资源社会保障部	关于开展长期护理保险制度试点的指导意见
29	国发〔2016〕77 号	国务院	关于印发"十三五"卫生与健康规划的通知
30	全国老龄办发〔2016〕73 号	全国老龄办	关于推进老年宜居环境建设的指导意见
31	国办发〔2016〕85 号	国务院	关于进一步扩大旅游文化体育健康养老教育培训等领域消费的意见
32	国办发〔2016〕91 号	国务院	关于全面放开养老服务市场提升养老服务质量的若干意见
33	国办发〔2016〕74 号	国务院	关于印发老年教育发展规划（2016—2020 年）的通知
34	2016–03	中国人民银行等	关于金融支持养老服务业加快发展的指导意见
35	民发〔2017〕25 号	民政部	关于加快推进养老服务业放管服改革的通知
36	工信部联电子〔2017〕25 号	工业和信息化部等	关于印发《智慧健康养老产业发展行动计划（2017—2020 年）》的通知
37	国发〔2017〕13 号	国务院	关于印发"十三五"国家老龄事业发展和养老体系建设规划的通知
38	国卫家庭发〔2017〕12 号	国家卫生计生委等部门	关于印发"十三五"健康老龄化规划的通知
39	国办发〔2017〕52 号	国务院	关于制定和实施老年人照顾服务项目的意见
40	国办发〔2017〕59 号	国务院	关于加快发展商业养老保险的若干意见
41	财金〔2017〕86 号	财政部等	关于运用政府和社会资本合作模式支持养老服务业发展的实施意见
42	国卫法制发〔2017〕43 号	国家卫生计生委	关于深化"放管服"改革激发医疗领域投资活力的通知

续表

编号	发文字号或时间	发文机关	政策名称
43	国卫办家庭函〔2017〕1082号	国家卫生计生委	关于印发"十三五"健康老龄化规划重点任务分工的通知
44	发改社会〔2019〕0160号	国家发展改革委等部门	关于加大力度推动社会领域公共服务补短板强弱项提质量促进形成强大国内市场的行动方案
45	国卫办医发〔2019〕22号	国家卫生健康委办公厅、国家中医药管理局办公室	关于加强老年护理服务工作的通知
46	国卫老龄发〔2017〕60号	国家卫计委	关于深入推进医养结合发展的若干意见
47	国卫老龄发〔2019〕61号	国家卫生健康委	关于建立完善老年健康服务体系的指导意见
48	民发〔2019〕88号	民政部	关于进一步扩大养老服务供给 促进养老服务消费的实施意见
49	全国老龄办发〔2020〕1号	全国老龄办	关于在常态化疫情防控中做好老年人照顾服务工作的通知
50	民发〔2020〕86号	民政部等部门	关于加快实施老年人居家适老化改造工程的指导意见
51	建房〔2020〕92号	住房和城乡建设部等部门	关于推动物业服务企业发展居家养老服务的意见
52	2021-11	中共中央、国务院	关于加强新时代老龄工作的意见
53	发改社会〔2021〕895号	国家发展改革委	关于印发《"十四五"积极应对人口老龄化工程和托育建设实施方案》的通知
54	民发〔2021〕51号	民政部	关于印发《"十四五"民政事业发展规划》的通知
55	2021-12	民政部	关于"十四五"期间利用开发性金融支持养老服务体系建设的通知
56	工信部联电子〔2021〕154号	工业和信息化部等部门	关于印发《智慧健康养老产业发展行动计划（2021—2025年）》的通知
57	国办发〔2022〕5号	国务院办公厅	关于印发"十四五"中医药发展规划的通知

通过研读政策文本，根据文件颁布时间的先后顺序对遴选出的符合老年健康服务产业相关的 57 份政策文件依次编码，并且对每一个编码的具体政策的具体章节 / 条款进行编码。具体编码形式为：将政策文本按照条款依次编码，分别编为"政策文本号 - 一级条款编码 - 二级条款编码 - 三级条款编码 - 具体政策内容号"，保证数据量化的规范性；根据已经构建的老年健康服务产业政策二维分析框架，对其进行归类计量；最终形成老年健康服务产业政策文本内容分析单元编码表。

为保证量化数据的准确性和科学性，确保政策文本收集和编码的一致性，对编码单元进行信效度检验。因为选择以国家层面政府部门颁布的 57 个政策文本作为研究对象，且这些政策文本都来自于政府的官方网站公开信息，其权威性和法定性保证了效度。采用不同成员分别阅读和编码同一批政策文件的方式进行重复测量，重测信度为 0.987，表明收集的资料可信度较好。具体检验方法为：首先对 3 名编码者进行 A/B/C 的编号，然后对编号人员进行统一的编码操作培训，之后 3 人按照相同的分析维度，对政策文本独立背对背编码，并记录文本编码分类详情。编码完成后，对 3 人的文本编码情况进行 AB/AC/BC 三组的一致性检验，并记录不一致性的文本编码；对于不一致的编码内容，采取两两比对一致性检验，如对 AB 组进行文本编码分类的一致性检验时，A 与 B 就某一文本编码的分类存在不一致性，此时看 C 的编码分类，若 C 与 A 相同，此次编码是可信的，编码分类选择 A；若 C 与 B 编码分类相同，此次编码是可信的，编码分类选择 B；若 C 与 A、B 均不相同，那么通过 ABC 小组讨论，达成共识，统一此条文件的文本编码类型意见。同理，检验 AC 组与 BC 组。最终检验可信的文本编码数量为 338 条。

4.2.2　老年健康服务政策工具分析二维模型框架构建

政策工具类型选择影响最深远、应用范围最广的是 Rothwell 和 Zegveld 的分类方法，鉴于该分类方法具有淡化政府强制力、凸显供给和需求作用的特点，在现在及未来一段时间内与中国老年政策环境高度吻合，因此将供给型、需求型、环境型三种政策工具类型作为老年健康服务产业政策分析框架的基本政策工具维度（X 维度）。

供给型政策工具的作用体现在政府通过扩大对老年健康服务产业基础设施建设、人力、资金、信息和技术等要素的直接供给，促进我国老年健康服务产业的发展；需求型政策工具的作用体现通过政府采购、放松管制、消费市场培育等方式，在政府层面拉动老年健康服务产业市场需求；环境型政策工具的作用体现在政府通过金融政策、试点或示范项目、健康法规制度等间接的手段方式塑造有利于中国老年健康服务产业发展的良好环境，如表 4-2 所示。

表 4-2　基本政策工具分类

基本政策工具	政策工具名称	政策工具含义
供给型	基础设施建设	政府为保障老年健康服务业发展的基本条件而开展医院、医养结合机构等项目建设，加大用地供给，加强养老设施建设
	人力资源	政府有关职能部门根据健康服务业的发展需要，编制人才发展规划，积极完善人才培训体系，开拓各式的人才交流渠道，提供充足的高层次人才资源等
	资金支持	政府直接对健康服务业参与主体在其发展进程的各个阶段给予财力上的支持，政府从资金方面直接对主体的服务提供支持
	信息支持	政府通过提升健康服务业信息化水平来推进其发展，通过信息网络、图书馆、资料库等信息基础设施提供信息服务
	技术支持	政府对医疗健康的技术研发和进步予以支持，政府通过科学技术辅导与咨询来协助技术创新，如研发、技术成果转让等
	老年健康服务社会组织	支持老年健康服务非营利组织等社会组织的发展并给予资金等投入，发挥社会力量
	公共服务	政府为保障健康服务业顺利发展，为其提供相应的配套服务以及政府办公服务
需求型	政府采购	政府依法制定采购目录，并使用财政性资金购买相应的老年健康服务类公共产品；政府对老年健康服务产品的采购提供部分的稳定市场，减少企业发展初期的不确定性，激发企业提供产品或服务
	服务外包	政府确定服务标准，将服务对外承包给私营企业或非营利性机构
	强化/放松管制	政府对老年健康服务市场完全或者部分取消价格和市场进入的管制，或者强化市场监管使企业在制定价格和选择产品上有更多的自主权
	消费市场培育	政府通过支持、鼓励发展多样化健康服务，推动老年健康需求
	保险/补贴	基本医保、长期照护保险、老年补贴以及其他方面的各种补贴

续表

基本政策工具	政策工具名称	政策工具含义
需求型	海外交流	政府鼓励海外健康服务机构以及企业同国内合作设立科研机构或项目，并给予直接或间接的支持，以促进老年健康服务业的发展
环境型	金融政策	政府通过融资、财务分配、贷款或创造融资条件、放宽金融管制等手段推动老年健康服务业发展
	财政税收	政府提供健康服务业的个人和企业赋税上的减免，包括税收抵免、免税、投资抵减等
	健康法规制度	政府通过制定行业标准、技术标准、企业制度、产业政策等措施来加强市场监管，规范市场行为，为健康服务业的发展提供有利的政策环境
	策略性措施	政府基于协助产业发展的需要，制定区域政策、产业政策、行业政策、企业政策等，引导老年健康服务产业、行业及企业发展
	试点或示范项目	政府设立试点或者示范项目，利用典型案例经验，创造一种产业引导氛围

根据国家统计局 2014 年发布的《健康服务业分类（试行）》，以老年健康服务内容类别为依据，将老年健康服务内容分类作为老年健康服务产业政策分析框架的 Y 维度，包括老年医疗服务、老年健康管理与促进服务、老年健康保险和保障服务、其他与健康相关的服务。其中，老年健康管理与促进服务涵盖健康科学研究和技术服务、健康咨询、健康教育、社会健康服务等；老年健康保险和保障服务包括基本医疗保险、额外医疗保险、养老保险等服务；其他与健康相关的服务包含健康相关产品批发零售、健康设备和用品租赁服务等，如表 4-3 所示。

表 4-3　老年健康服务 Y 维度政策工具分类含义

政策工具分类	政策工具名称	政策工具含义
老年医疗服务	老年医疗服务	由各级各类医院或建设的医养结合机构提供的医疗服务、公共卫生服务等
老年健康管理与促进服务	政府与社会组织健康服务	依靠政府、社会资本、民间机构以及社会养老服务机构等提供相关老年健康服务
	健康科学研究和技术服务	重视科学研究和信息技术提供医学研发服务、健康知识产权服务、健康产品质量检验服务，设置技术标准规范更好地提供技术服务等
	健康教育服务	开展教育培训、培养人才并对老年人开展健康教育为老年人提供健康教育场所、资源、相关健康类图书、报刊等进一步满足老年人健康需求

续表

政策工具分类	政策工具名称	政策工具含义
老年健康管理与促进服务	社会健康服务	健康护理服务、精神康复服务、健康保健服务、老年人养护、社会看护、居住和日常照料、长期看护与帮助服务以及居家社区养老服务等
	健康咨询服务	医药、医疗咨询服务、心理咨询服务、营养健康咨询、体育运动咨询等服务
老年健康保险和保障服务	健康保险服务	健康和意外保险、商业医疗保险等
	健康保障服务	基本医疗保障服务，补充医疗保障服务，老年社会福利服务，税收支持或减免等为服务提供保障
其他与老年健康相关的服务	健康相关产品生产、批发和零售	老年智能机械、器具、用品以及转化医学与抗衰养生类产品的零售和保健辅助治疗器材等与健康相关的保健用品零售；引导企业开发、生产老年人健康相关产品，促进老年用品市场开发
	健康设备和用品租赁服务	医疗设备租赁，其他健康设备和用品租赁

综合 X 维度和 Y 维度，构建基于政策工具的中国老年健康服务产业政策分析二维框架，如图 4-1 所示。

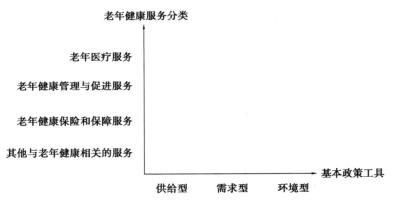

图 4-1　老年健康服务政策文本分析二维框架

4.2.3　中国老年健康服务产业基本政策工具维度分析

在三种基本政策工具中，供给型、需求型和环境型政策工具分别占 59.2%、24.3% 和 16.5%，如图 4-2 所示。

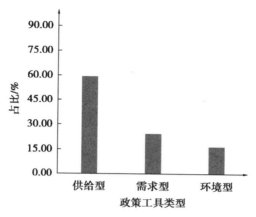

图 4-2　老年健康服务基本政策工具占比

在供给型政策工具中，基础设施建设运用次数最多，占 14.2%，老年健康服务社会组织、人力资源、信息支持、技术支持政策工具分别占比 12.2%、8.9%、8.0%、6.5%，公共服务和资金支持工具占比最少，分别为 5.0% 和 4.4%。在需求型政策工具中，保险 / 补贴工具占比最多，为 10.3%，其次是消费市场培育工具，占 8.9%，强化 / 放松管制工具占比相对较少，占 2.7%，政府采购、服务外包和海外交流工具占比 1.0% 左右。在环境型政策工具中，金融政策和策略性措施工具运用次数最多，占比均为 3.8%，其次是财政税收工具，占 3.5%，健康法规制度和试点或示范项目工具占比最少，分别占比为 2.7%，如表 4-4 所示。

表 4-4　老年健康服务基本政策工具表

政策工具	占比 /%	工具名称	频数	占比 /%
供给型	59.2	基础设施建设	48	14.2
		人力资源	30	8.9
		资金支持	15	4.4
		信息支持	27	8.0
		技术支持	22	6.5
		老年健康服务社会组织	41	12.2
		公共服务	17	5.0
需求型	24.3	政府采购	4	1.2
		服务外包	3	0.9
		强化 / 放松管制	9	2.7
		消费市场培育	30	8.9

续表

政策工具	占比 /%	工具名称	频数	占比 /%
需求型	24.3	保险 / 补贴	35	10.3
		海外交流	1	0.3
环境型	16.5	金融政策	13	3.8
		财政税收	12	3.5
		健康法规制度	9	2.7
		策略性措施	13	3.8
		试点或示范项目	9	2.7

4.2.4 中国老年健康服务产业政策文本服务内容维度分析

如图 4-3 所示，4 类老年健康服务内容的政策工具占比分别为 8.6%、59.5%、26.0%、5.9%。

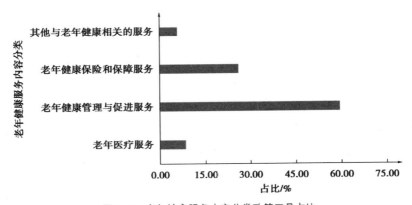

图 4-3 老年健康服务内容分类政策工具占比

其中老年健康教育与促进服务工具占比最高，为 59.5%，其他与健康相关的服务工具占比最少，为 5.9%。在老年健康教育与促进服务中，政府与社会组织健康服务工具占比最高，为 20.4%，其次是社会健康服务、健康教育服务和健康科学研究和技术服务工具，分别占比为 19.0%、11.5% 和 7.4%，健康咨询服务工具占比最少，仅占 1.2%。在老年健康保险和保障服务中，以健康保障服务工具为主，占比 18.9%，健康保险工具占比为 7.1%。在其他与健康相关的服务工具中，健康相关产品生产、批发和零售以及健康设备和用品租赁服务工具占比分别为 5.6% 和 0.3%，如表 4-5 所示。

表 4-5　老年健康服务内容分类维度占比

政策工具	占比 /%	工具名称	频数	占比 /%
老年医疗服务	8.6	老年医疗服务	29	8.6
老年健康管理与促进服务	59.5	政府与社会组织健康服务	69	20.4
		健康科学研究和技术服务	25	7.4
		健康教育服务	39	11.5
		社会健康服务	64	19.0
		健康咨询服务	4	1.2
老年健康保险和保障服务	26.0	健康保险服务	24	7.1
		健康保障服务	64	18.9
其他与老年健康相关的服务	5.9	健康相关产品生产、批发和零售	19	5.6
		健康设备和用品租赁服务	1	0.3

4.2.5　中国老年健康服务产业政策文本二维维度分析

在构建 X 基本政策工具维度的基础上，引入 Y 老年健康服务分类维度，通过交互分析来探索政策工具与不同类别老年健康服务之间的关系。如表 4-6 所示，政策文本同时覆盖了三种类型的基本政策工具，老年健康服务内容分类工具在基本政策工具维度的分布中呈现出不同的特征。

表 4-6　老年健康服务政策工具 X-Y 维度分布表

政策工具	供给型							需求型						环境型					共计	占比/%
	基础设施建设	人力资源	资金支持	信息支持	技术支持	老年健康服务社会组织	公共服务	政府采购	服务外包	强化/放松管制	消费市场培育	保险/补贴	海外交流	金融政策	财政税收	健康法规制度	策略性措施	试点或示范项目		
老年医疗服务	13	0	0	1	0	0	4	0	1	0	4	0	0	0	0	0	0	6	29	8.6
老年健康管理与促进服务	23	30	5	24	12	41	13	1	1	7	20	0	1	6	4	4	8	1	201	59.5
老年健康保险和保障服务	12	0	10	1	0	0	0	1	0	2	0	35	0	7	8	5	5	2	88	26.0
其他与健康相关的服务	0	0	0	1	10	0	0	2	1	0	6	0	0	0	0	0	0	0	20	5.9
合计	48	30	15	27	22	41	17	4	3	9	30	35	1	13	12	9	13	9	338	100

如图 4-4 所示，类别为老年健康管理与促进服务的供给型政策工具条目最多，占供给型政策工具的 74.0%，其次是类别为老年健康保险和保障服务、老年医疗服务工具，占比分别为 11.5% 和 9.0%，其他与老年健康相关的服务工具占比最少，为 5.5%。

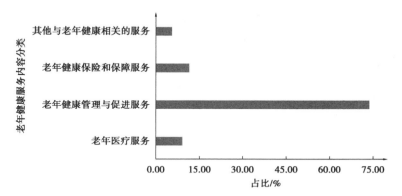

图 4-4　供给型政策工具中与老年健康服务内容分类有关的政策工具条目占比

如图 4-5 所示，类别为老年健康保险和保障服务和老年健康管理与促进服务的需求型政策工具条目最多，分别占需求型政策工具条目数的 46.3% 和 36.6%；其次是类别为其他与老年健康相关的服务的需求型政策工具条目，占需求型政策工具条目数的 11.0%；类别为老年医疗服务的需求型政策工具条目占比最少，为 6.1%。

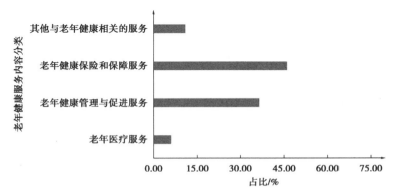

图 4-5　需求型政策工具中与老年健康服务内容有关的政策工具条目占比

如图 4-6 所示，类别为老年健康保险和保障服务和类别为老年健康管理与促进服务的环境型政策工具条目最多，分别占环境型政策工具条目数的48.2%和41.1%；类别为老年医疗服务的环境型政策工具占比为10.7%；其他与健康相关的服务的环境型政策工具条目为0。

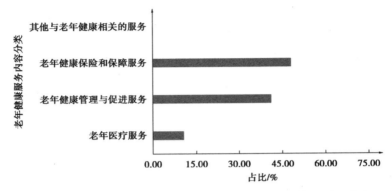

图4-6　环境型政策工具中与老年健康服务内容有关的政策工具条目占比

4.2.6　老年健康服务产业政策工具使用特点

一是重供给型政策工具，轻需求型和环境型政策工具。据图4-2可知，供给型政策工具使用的频次最高，占比59.2%，而需求型和环境型政策工具使用的频次相对较低，分别占比24.3%和16.5%，说明政府在老年健康服务产业政策设计的时候，倾向于扩大对老年健康服务产业资金、信息、人才和基础设施等要素的直接供给，同时借助老年健康社会服务组织和公共服务等来支持和保障中国老年健康服务产业的顺利发展，而将需求型政策工具对中国老年健康服务产业的拉动作用以及环境对中国老年健康服务产业发展的影响作用放在了次要位置。需求型政策工具运用相对较少，特别是服务外包和海外交流尤为缺乏，会导致老年健康服务供应链并未达到最优化，在一定程度上造成成本浪费；同时也不利于国内外服务模式的比较与借鉴，在一定程度上会制约老年健康服务模式的创新。此外，环境型政策工具使用频率明显低于供给型政策工具，与需求型政策工具相当。由于目前我国养老服务体系建设并不完善，健康服务资源不充足，无法满足繁多的老年健康服务需求，还需要进一步强调环境型政策工具的规划引导作用，调整老年健康服务供给结构，塑造有利于中国老年健康服务产业发展的良好政策环境。

二是政策工具内部结构分布不均。在供给型政策工具中，基础设施建设和老年健康服务社会组织占比最高，一方面表明目前国家对为保障老年健康服务产业发展的基本条件而开展医院、医养结合机构等项目建设的高度重视，不断加大用地供给和加强养老设施建设等，另一方面表明国家高度重视老年健康服务社会组织培育，强调激发社会力量的内生性动力来促进老年健康服务业发展；人力资源、信息支持、技术支持和公共服务占比较高，资金支持的应用最少。充足的资金支持、完备的经费保障是发展老年健康服务产业必不可少的条件，但政府在制定资金支持方面的政策不足。同时，供给型政策工具应用过多，反映出政府部门对推进中国老年健康服务产业发展的决心，但是除了通过直接提供各种资源支持产业发展的基础上还应该采用更多的政策工具相互补充，引导老年健康服务产业的发展。在需求型政策工具中，保险、补贴和消费市场培育政策工具占比最高，一方面，政府通过基本医疗保险、长期照护保险、老年补贴以及其他各方面的补贴政策，为老年对健康的消费提供保障和支持，从而使老年健康需求不断增加；另一方面，政府支持、鼓励发展多样化健康服务力度大，能够进一步推动老年健康需求，扩大老年健康服务产业市场规模，达到拉动老年健康服务产业发展的目的，但是在服务外包和海外交流方面有所缺失，不能很好地稳定老年健康服务市场，同时，政府对海外健康服务机构以及企业同国内合作设立科研机构或项目支持力度不足，在一定程度上会阻碍老年健康服务产业的发展。在环境型政策工具中，金融政策和策略性措施占比最多，表现为建立和完善多样投融资模式、强化产融结合、拓宽老年健康服务融资渠道等政策和措施，为老年健康服务产业塑造良好的发展环境。但是在设立试点或示范项目和制定健康法规制度方面所出现的政策不足，将导致示范项目利用典型案例经验、创造产业引导氛围和健康法规制度加强市场监管、规范市场行为的作用得不到充分发挥，不能为老年健康服务产业的发展提供有利的政策环境。

三是不同老年健康服务类别关注程度失衡。由图 4-3 可以看出，老年健康管理与促进服务、老年健康保险和保障服务的占比，要明显高于老年医疗服务、其他与老年健康相关的服务。这表明，相较于药品器械、老年智能机械、器具、用品以及转化医学与抗衰养生类产品以及与健康相关的保健用品的批发零售和租赁、医疗服务等价格弹性较小，主要针对已经出现病症的老年群体、偏向于疾病治疗的服务。目前，政府对健康管理、健康保险等价格弹性更大，针对整个老年群体，偏向于疾病防护的服务重视程度更高。此外，随着经济水平和健康意识的提升，大众已经逐渐转变了"重治疗，轻预防"的传统观念，但同样不能忽视对于改善老年人健康状况有着更加直接效果的老年医疗服务及健康相关产品批发、零售和租赁服务。

4.3 中国老年健康服务产业政策优化建议

4.3.1 协调运用各类政策工具

协调运用多种政策工具，进一步提高政策工具使用靶向精准度，有利于减少政策"碎片化"，促进部门职能转变并破除权责壁垒。

对供给型政策工具而言，仅仅凭借市场主体作用还不能很好地满足老年人复杂的健康服务需求，在这样的背景下，供给型政策工具无疑成为了政府推动老年健康服务产业快速发展的主要手段。因此，供给型政策工具内部结构的优化具有重要作用。目前政府已经逐渐意识到老年健康服务的供给不能只依靠政府或企业等外部力量，出台的相关政策也逐渐向激发社会力量倾斜，但仍需对老年健康服务社会组织进行大力扶持，鼓励其开展诸如时间储蓄养老照护等互帮互助服务，以此来促进利益相关集体的"内生性发展"。同时，也要高度重视对老年健康服务产业的资金支持以及对老年健康服务的人才培养，在老年健康服务产业发展过程中，要保证能够提供充足的资金支持、完备的经费保障以及多渠道筹集资金为老年健康服务产业的发展提供夯实的物质基础；对于老年健康服务人才培养，不仅要强调数量的扩大，更要着眼于追求高质量和高层次的人才。

对需求型政策工具而言，要合理增加需求型政策工具的运用。需求型政策工具运用相对不足，特别是服务外包和海外交流缺失，无法很好地提高老年健康服务市场效率。要想得到更好的发展，老年健康服务参与主体之间必须加强协调合作，从成本效益的角度将部分服务以外包形式交给其他企业实施，同时为了推动老年健康服务经验成果的产业化、全球化，还要加强国际交流，做到"引进来，走出去"。由于政府对购买政策工具的监管力度不足，往往是根据实际情况自行把握，在政策实施过程中容易出现未按要求严格执行或以折扣的方式不完全执行的问题，因此需要加大和强化政府采购相关政策的监管力度，达到严格按照要求执行购买政策的目的，逐步扩大政府购买领域和规模。

对环境型政策工具而言，要适当提升环境型政策工具使用的频率。环境型政策工具能对老年健康服务参与主体产生正向激励作用，政府应通过制定更加科学可操作的金融政策、税收优惠制度来吸引更多的企业或社会资本参与老年健康服务产业发展；细化完善相关的健康法规制度，规范相关主体行为，确保老年健康服务市场有序发展；灵活运用策略性措施以应对老年健康服务内容的复杂性；开展可行的试点项目以加强示范引导作用。

4.3.2　有序发展不同类别的老年健康服务

目前的政策对于不同类别老年健康服务的重视程度存在较大差异。首先政府在促进健康管理、健康保险等支持性服务发展的同时，要优先综合运用政策工具积极推动老年医疗服务质量的提升，支持新型医疗技术设备的研发，提高老年医学领域人员服务能力和专业素质。其次，政府应该在巩固发展医疗服务的基础上，继续加大力度发展多样化老年健康服务，加快发展健康保险，完善健康消费保障机制，充分发挥商业健康保险在促进老年健康服务产业、推动经济提质增效升级中的"生力军"作用。在发展多样化老年健康服务之后，对于保健品、健康设备器械等健康相关产品，政府在提高关注度的同时，要严格制定市场准入规则，在确保质量的基础上，积极拓宽批发零售或租赁渠道，通过大力支持发展药品、医疗器械研发应用等支撑产业，系统推进老年人群全生命周期健康的维护与促进。与此同时，还要加强在老年群体中的宣传，使老年人能更方便地获取正规健康相关产品，最终使不同老年健康服务能够得到均衡发展。

第5章　老年人健康服务需求及支付意愿调查研究

随着社会的发展，老年人对于健康服务的需求内容从之前单一的医疗服务需求逐步向多元化发展，从而引发老年健康服务产业的发展。老年人支付意愿是老年健康服务发展的基础，个体特征、家庭情况、社会环境等都会影响老年人对健康服务的使用意愿和购买意愿。以重庆市为例，基于需求方视角分析老年人对老年健康服务的需求及服务支付意愿，为老年健康服务市场供需平衡提供依据。

5.1　老年健康服务需求分析

老年健康服务内容将随各式各样的需求进一步细分，高龄老人、单身老人、空巢老人、居家的病残老人等规模不断增大的各种特殊老年人群体，将会对社会提出更细化的老年健康服务需求。以重庆市 60 岁以上老人（含独居）为调查对象，采用多阶段分层随机抽样的方法，按照重庆市经济发展水平分层，在主城核心区、主城都市拓展区、渝西、渝东北、渝西南随机抽取 5 个区县，再从每个区县随机调查 200 名老年人。调查内容包括一般社会经济特征、老年人相关健康服务提供情况以及老年健康服务需求、支付意愿等内容。建立调查资料 Excel 数据库，并利用 SPSS19.0 对数据进行单因素卡方检验、逐步 Logistic 回归分析。研究共发放 1 000 份问卷，有效问卷 864 份，有效率为 86.4%。男女比为 1:1.3；以低年龄段老年人为主；受教育程度分布较均匀；75.23% 的老年人配偶健在；退休前的职业以企业工作人员为主，占 51.85%；收入来源主要依靠自己和老伴儿的退休金；医保覆盖率达 98.38%；31.71% 的老人疾病经济负担较重；自评健康状况好的占 56.94%，但同时 69.44% 的老年人患有一种或多种慢性病。

5.1.1　老年健康服务认知情况

调查结果显示，82.64%的老年人知晓老年健康服务；51.85%的老年人就医首选在基层医疗服务机构。分析其原因如下：一方面是经过多年的发展，社区卫生服务中心卫生服务就诊条件有明显提高，服务能力显著增强；另一方面由于身边缺少子女的照顾和陪同，老年人更倾向于选择距离住家较近的社区卫生服务中心就诊，如表 5-1 所示。

表 5-1　老年健康服务知晓及首次就医意向情况

项目	分类	占比/%
老年健康服务知晓率	知道	82.64
	不知道	17.36
首次就医意向	社区医院	51.85
	二级医院	25.93
	三级医院	22.22

5.1.2　老年健康服务需求分析

通过调查发现，87.73%的老年人表示需要老年健康服务；94.99%的老年人需要医疗保健服务，30.87%的老年人需要健康管理，说明在充分认识老年健康服务后，大多数老年人有意愿接受老年健康服务。在是否愿意同社区卫生服务机构签署家庭医生服务契约协议书时，59.49%的老年人都表示依情况而定，仅有 23.15%的老年人表示完全愿意签约。已有研究表明，家庭医生服务能有效提高老年人的生活质量，随着社区卫生服务内涵的不断深化，居民对家庭医生服务的认识有了明显改变，对家庭医生服务的接受程度明显提高，如表 5-2 所示。

表 5-2　老年健康服务需要情况

需要情况	频数	需要老年健康服务种类 [n(%)]				
		康复护理	医疗保健	健康管理	生活照料	精神慰藉
需要	758	162（21.37）	720（94.99）	234（30.87）	148（19.53）	40（5.28）
不需要	106	—	—	—	—	—

5.1.3　老年健康服务需求单因素分析

卡方检验结果显示，年龄、受教育程度、收入水平、是否患慢病、有无

医疗保险、收入来源、医生技术水平满意度等特征需要率差异具有统计学意义
（$P<0.05$），如表 5-3 所示。

表 5-3　老年健康服务需求单因素分析

特征	类别	调查人数占比 /%	老年健康服务需要率 /%	x^2	P
性别	男	41.90	86.19	0.69	0.406
	女	58.10	88.84		
年龄	60~	55.79	90.87	6.338	0.041*
	70~	31.94	85.51		
	≥ 80	12.27	79.25		
教育程度	文盲	22.92	92.93	14.964	0.002*
	小学	37.73	87.12		
	初中	20.83	93.33		
	高中及以上	18.52	76.25		
收入水平	高	23.47	93.75	16.962	0.001*
	中	51.85	73.33		
	低	24.68	81.87		
自评健康状况	好	21.99	92.63	4.171	0.124
	一般	34.95	88.74		
	差	43.06	84.41		
婚姻状况	婚姻完整	75.23	88.79	0.147	0.702
	婚姻不完整	24.77	87.38		
医疗保险	没有	1.62	57.14	6.185	0.013*
	有	98.38	88.24		
收入来源	自己及老伴儿退休金	57.18	84.21	7.82	0.020*
	子女资助	20.14	89.66		
	其他	22.69	94.90		
慢病	有	69.44	83.33	3.416	0.044*
	无	30.56	89.67		
疾病经济负担	轻	12.04	84.62	9.556	0.008*
	一般	56.25	84.36		
	重	32.06	93.86		
就医流向	社区医院	51.85	93.30	13.788	0.003*
	二级医院	25.93	82.14		
	三级医院	22.22	80.21		

续表

特征	类别	调查人数占比 /%	老年健康服务需要率 /%	x^2	P
社区医生技术水平满意度	不满意	12.04	87.10	6.554	0.035*
	一般	56.25	87.50		
	满意	31.71	87.95		

注：* 表示 $P<0.05$。

5.1.4　老年健康服务需求多因素分析

以是否需要老年健康服务为因变量，单因素分析具有显著性差异的年龄、受教育程度、收入水平、是否患慢病、医疗保险、收入来源、医生技术水平满意度 7 个指标为自变量，进行 Logistic 向后逐步回归分析。首先进入模型的是收入水平，其次是有无医疗保险，再次是疾病经济负担，最后是受教育程度。收入水平越高的老年人越倾向于需要老年健康服务，受教育程度越高越倾向于需要老年健康服务，有医保的老年人比无医保的更加倾向于需要老年健康服务，疾病经济负担越轻越倾向于需要老年健康服务，如表 5-4 所示。

表 5-4　老年健康服务需求的多因素分析

特征	步骤 1（OR）	步骤 2（OR）	步骤 3（OR）	步骤 4（OR）
受教育程度（对照组 = 文盲）				1.000
小学				1.325
初中				1.905*
高中及以上				3.478*
收入水平（对照组 = 低）	1.000	1.000	1.000	1.000
中	1.645	1.701	1.618	1.439
高	2.950*	3.125*	2.809*	3.021*
医疗保险（对照组 = 没有）		1.000	1.000	1.000
有		9.615*	10.638*	11.765*
疾病经济负担（对照组 = 重）			1.000	1.000
一般			1.629*	1.709*
轻			1.960*	2.242*
截距	13.333*	14.632*	23.692*	32.763*

注：* 表示 $P<0.05$。

5.2 老年居民健康服务支付意愿及其影响因素分析

5.2.1 老年健康服务支付意愿 (WTP) 与意愿支付水平

调查表明，有老年健康服务需要的 758 名老人中有 626 名老人愿意支付老年健康服务费用（WTP>0），占 82.59％；不愿意支付的有 132 人（WTP=0），占 17.41％。对愿意支付的老人继续询问"您每年愿意向社区老年健康服务支付多少元"时，275 人选择愿意支付少于 20 元／年，占 43.98％；204 人选择 20~40 元／年，占 32.77％；86 人选择 40~60 元／年，占 13.73％；选择 60~80 元／年的有 38 人，占 6.16％，80~100 元／年的有 21 人，占 3.36％。根据各组中值计算，老年人平均愿意为老年健康服务支付 28.43 元／年。说明虽然大部分老年人愿意为老年健康服务支付一部分费用，但随着支付水平的提高，支付意愿呈现出下降趋势，如表 5-5 所示。

表 5-5　老年健康服务支付意愿和意愿支付水平 [n（％）]

支付意愿	频数	意愿支付水平				
		<20 元／年	20~40 元／年	40~60 元／年	60~80 元／年	80~100 元／年
WTP>0	626（82.59）	275（43.98）	204（32.77）	86（13.73）	38（6.16）	12（3.36）
WTP=0	132（17.41）	—	—	—	—	—

5.2.2 支付意愿（WTP）的需求价格弹性

图 5-1 描述了老年健康服务意愿支付水平同需求量的变化关系，是典型的幂函数曲线，其通用数学表达式为：$Q=AP^b$，此公式两边取对数可转换为：$\lg Q=\lg A+b\lg P$，在对公式求偏导数。幂函数模型的需求弹性就是转换后的对数线性模型的偏导数，也等于上述对数线性回归方程中的回归系数。设自变量 y 为意愿支付水平各组中位数，因变量 x 为需求量的百分比（％），经拟合后的回归方程为：$\lg y=2.001\,72-1.427\,4\lg x$（$t=-8.019$，$P<0.05$），结果显示，老年健康服务的需求价格弹性为 -1.427 4，即老年健康服务的筹资水平每升高 1.00％，愿意参加老年健康服务的老年人就会减少 1.427％，属于富有弹性类。

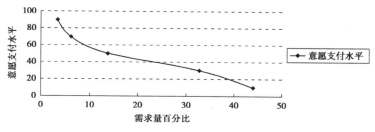

图 5-1　老人意愿支付水平同需求量百分比关系曲线

5.2.3　老年健康服务支付意愿（WTP）的单因素分析

通过单样本 t 检验比较 WTP>0 和 WTP=0 老年人社会经济条件平均值的显著性差异，如表 5-6 所示。结果显示，文化程度、退休前职业、有无医疗保险、月可支配收入、疾病经济负担和就诊流向存在显著性差异（$P<0.05$），但性别、年龄、是否患慢病、自评健康状况和知晓情况在愿意支付和不愿意支付老年人之间的差异不显著（$P>0.05$）。

表 5-6　愿意支付和不愿意支付老年人的社会经济条件比较

项目		性别	年龄	文化程度	退休前职业	是否患慢病	自评健康情况	医疗保险	月可支配收入	疾病经济负担	就诊流向	知晓情况
愿意支付	WTP>1	0.57	2.47	2.29	2.83	0.31	2.71	0.02	1.89	1.77	1.67	0.18
	WTP=0	0.61	2.64	2.64	2.45	0.28	2.57	0.00	1.71	1.95	1.88	0.17
不愿意支付	WTP>1	0.5	1.35	1.00	1.11	0.46	1.02	0.14	0.77	0.64	0.8	0.39
	WTP=0	0.49	1.47	1.13	1.19	0.45	1.07	0.00	0.67	0.59	0.82	0.38
t		−0.623	−0.972	−2.709	2.654	0.527	1.059	2.668	1.923	−2.17	−2.084	0.178
P		0.534	0.332	0.007	0.008	0.598	0.29	0.008	0.038	0.031	0.038	0.858

5.2.4　老年健康服务支付意愿（WTP）的多因素分析

通过独立样本 t 检验发现，文化程度、退休前职业、有无医疗保险、月可支配收入、疾病经济负担和就诊流向对老人支付意愿有影响。为了消除混杂因素的影响，以上述变量为自变量，支付意愿为因变量，进行逐步 Logistic 回归分析。OR 值越大或 B 为正值，表明该因素对自变量呈现良性影响。结果显示，老年人受教育程度、月可支配收入、有无医疗保险、疾病经济负担是影响其支付意愿的主要因素，如表 5-7 所示。

表 5-7　老年健康服务支付意愿的 Logistic 回归分析

特征	B	S.E.	Wals	P	OR
文化程度（参照组 = 文盲）			5.632	0.131	1.000
小学	0.386	0.512	0.568	0.451	1.471
初中	0.557	0.417	1.781	0.182	1.745
高中及以上	0.760	0.415	5.339	0.021*	2.611
收入水平（参照组 = 低）			4.194	0.123	1.000
中	0.742	0.412	4.119	0.045*	2.153
高	0.941	0.463	4.136	0.042*	2.562
医疗保险（参照组 = 没有）					1.000
有	0.769	0.426	4.584	0.001*	9.615*
疾病经济负担（参照组 = 负担重）			3.841	0.047*	1.000
一般	−0.646	0.389	3.746	0.046*	0.524
轻	−0.644	0.333	3.751	0.050*	0.525
就诊流向（参照组 = 社区医院）			3.376	0.185	1.000
二级医院	−0.012	0.374	0.001	0.974	0.988
三级医院	−0.611	0.435	1.978	0.067	0.543
退休前职业（参照组 = 事业单位人员）			4.877	0.181	1.000
企业单位人员	0.607	0.494	1.507	0.22	0.545
其他	0.48	0.42	1.306	0.253	0.619
截距	1.71	0.595	8.273	0.004*	5.53

注：* 表示 $P<0.05$。

研究结果显示，调查对象老年健康服务知晓率为 82.64%，可能与老年人的认知低于年轻人以及获取信息渠道狭窄有关。老年健康服务需要率为 87.73%，可能与老年人有迫切的医疗保健意愿有关。老年人健康服务支付意愿为 82.64%，可见大多数老年人对接受老年健康服务应支付费用持肯定态度，从一定程度上反映老年健康服务个人筹资具有可行性。老年人平均愿意支付水平为 28.43 元 / 年，不到现行医疗保险个人筹资水平（60 元 / 年）的一半。老年健康服务价格需求弹性为 −1.412，属于富有弹性类，说明目前老年健康服务对于老年人来说是"奢侈品"，提示政府进行老年健康服务个人筹资时，应适当考虑筹资水平，若个人筹资水平提高，需求量将随之下降，将导致筹资总额下降。老年健康服务价格需求富有弹性可能与目前老年人的消费理念和支付能力有关。回归分析结果显示，经济状况越好，老年健康服务需求越大；疾病经济负担越低，老年健康服务需求越大。低收入水平老年人医疗支付能力低，疾病负担重，提示在进行老年健康服务筹资时，要充分考虑老年人的经济承受能力，以便老年健康服务全面推广。医疗保障水平对老年人的影响也不容忽视。有医疗保障的老年人比无医疗保障的老年人需求更大，提示应继续增加老年人医疗保障深度，保障其健康权益，提高老年健康服务的可及性。教育程度是反映社会经济地位的常用指标，教育程度越高，老年健康服务需求越大。教育程度高的老年人对新知识的理解和接受能力较强，更加关注自身健康，更易接受老年健康服务。综上提示，应根据老年人的实际情况，适当考虑老年健康服务的价格需求弹性来确定老年健康服务资金的筹资水平。

第6章 老年健康服务获得感研究

习近平总书记在中央全面深化改革领导小组第十次会议上提出要让人民群众拥有更多获得感的理念。让面临更多健康疾病风险的老年人实现"病有所医、老有所养",是老年人群更多地享受到改革发展带来的成果并在主观上产生满意、认可等良好感受,体现了增进民生福祉这一发展的根本目的,也是公共治理迈向高水平发展的体现。

6.1 老年健康服务获得感内涵

"老有所养,病有所医",对老年人而言,在接受老年健康服务的过程中由于实实在在地获得而产生的主观感受可以称之为老年健康服务获得感。老年健康服务获得感内涵应包含以下几个方面。一是经济因素。根据中国城乡老年人生活状况抽样调查结果,中国32.1%的老年人患有一种慢性病,50.5%的老年人患有两种及以上慢性病,只有17.3%的老年人没有慢性病,由此可见老年人具有较重的疾病经济负担。此外,老年人在消费观念上普遍以勤俭节约为主。因此,应充分考虑老年健康服务的服务价格、医疗保险、津补贴发放等经济因素对获得感的影响。二是就医便利(可及)性。随着年龄的增加,老年人腿脚较不灵便,活动能力有限,同时老年人偶有跌倒摔伤等突发情况发生。当产生医疗服务需求时,在距离和时间上具有较好的便捷性,对于提升老年人的老年健康服务获得感来说尤为重要。三是服务质量体验。老年健康服务服务质量的好坏直接影响着能否有效满足老年人的医养服务需求。服务质量(SERVQUAL)评价模型,包括有形性、可靠性、保证性、响应性和移情性五个方面的内容,在长期的科学研究中被证明了具有良好的信效度。利用服务质量评价模型来评估老年人对老年健康服务质量的体验,有助于发现老年健康服务供给方面的问题。四是满意度。顾客满意度最早由美国消费心理学家于20世纪80年代提出,后来经过不断地发展逐渐成为一门独立的学科。它强调以顾客为中心的价值观的一种管理理论，建立起一种全新的顾客满意营销导向。顾客满意度来源于顾客对接受的产品或服务与自己所期望的标准对比，是表现顾客的一种主观感受以及对产品或服务总体印象，具有主观性、层次性、相对性、阶段性等特征属性。由于老年健康服务具有准公共产品性质，因此，在评估老年健康服务获得感时，应考虑满意度的影响。综上，可以将老年健康服务获得感的内涵归纳为：老年人在利用老年健康服务时具有费用可接受的经济获得感、医疗服务可及的便捷获得感、服务质量的体验获得感和对整体服务的满意获得感四个维度的综合感受。

6.2　构建老年健康服务获得感评价指标体系

提升老年人老年健康服务获得感，是满足老年人日益增加的健康服务需求的必然要求之一。近年来政府层面出台了许多政策文件促进老年健康服务业的发展，力求提高老年人的老年健康服务获得感。虽然老年健康服务体系正在不断完善，但仍然存在着老年健康服务部门协同不力，服务质量不稳定，相关配套支持政策亟待落实等问题，影响到老年人在此项服务上的获得感体验。为了解和把握当前老年人健康服务需求，建立科学合理的需求指标集对当前老年健康服务获得感进行评价，分析影响老年健康服务获得感的影响因素，可以为提出适配需求的优化老年健康服务供给策略，提升老年健康服务获得感奠定基础。

6.2.1　指标集构建原则

1）系统性原则

各指标之间具有内在联系，相互关联，但各自指代的内容应独立、不重复、不冲突，从而形成一个完整、明晰的有机整体。从不同角度选取具有代表性和针对性的指标，基于内涵四个要素维度（经济因素、就医便利性、服务质量体验和服务满意）系统地评价老年健康服务获得感。

2）科学性原则

各指标的选取必须遵循科学原理和客观实际，统筹兼顾我国国情、经济发展水平、老年健康服务供给的实际情况，确立的指标必须是通过实践经验、文献查阅、理论分析、评议等方式能够得出的定性或定量指标。

3）可操作性原则

设计的指标应概念准确、界定清楚；选择指标时应注意所选指标能否定量分析，以便于后期的统计处理；筛选指标时必须考虑是否能持续、有效地获得统计数据以及数据获取的难易程度；还应考虑选取的指标对提升老年健康服务获得感的实际意义，如近期内能否实现、实现的难易程度，即能否为政府决策时所采纳。

4）全面性原则

老年健康服务获得感指标设计范围较广，必须综合平衡各项要素，使所列出的指标尽可能覆盖全面，以避免因指标过简或不全导致信息遗漏，从而影响评价效果；但同时也要防止因指标过于烦琐，从而不必要地增加咨询专家评判的时间成本和错判误判概率。

6.2.2 老年健康服务获得感指标集遴选

通过相关文献研究，结合老年人健康需求特点，初步确立了经济因素、就医便利性、服务质量体验和服务满意度四个维度组成的老年健康服务获得感指标集，共包括 4 个一级指标、14 个二级指标、41 个三级指标，如表 6-1 所示。

表 6-1　老年健康服务获得感指标集

一级指标	二级指标	三级指标
经济因素	医疗相关经济因素	医疗服务项目价格
		医保报销覆盖病种
		医保报销比例
	养老相关经济因素	养老服务项目价格
		养老金保障情况
		老年津（补）贴发放
就医便利性	地理可及性	到最近医疗机构的距离
		家庭医生上门服务频率
	时间花费	就医手续繁琐
		等候时间较长
服务质量体验	有形性	医疗药品设施齐全
		家政服务设施齐全

续表

一级指标	二级指标	三级指标
服务质量体验	有形性	精神慰藉设施完善
		社区娱乐设施丰富
	可靠性	医疗服务内容全面
		家政服务内容全面
		精神慰藉内容全面
		文化娱乐项目多样
	响应性	及时提供医疗护理
		及时解决生活难题
		及时进行心理疏导
		准时提供文娱服务
	保证性	医护人员值得信赖
		家政服务效果良好
		精神慰藉效果良好
		积极组织文娱活动
	移情性	提供个性化的康复服务
		根据老人需求制定家政服务
		临终关怀服务
		为老人开设不同娱乐设施
服务满意度	老年人期望	对服务满足个人需要的期望程度
		对服务质量的期望程度
	感知绩效	服务满足需求程度
		费用支出与服务 "物有所值" 程度
		向相关部门提供建议渠道的畅通性
	老年人满意	与预期相比满意度
		与理想相比满意度
		医养服务总体评价
	老年人抱怨	对服务不满意时向他人抱怨
	老年人信任	愿意向熟人推荐服务
		积极关注医养服务发展

6.2.3　第一轮专家咨询结果

初步的指标集建立后，邀请专家开展专家咨询，请专家按 Likert 5 级评分法对老年健康服务获得感指标集各指标的重要性进行打分，并在每条指标后设置意见栏以备专家提出具体的改进建议。本轮咨询在全国范围内选取了 25 名专家，为保证专家咨询的科学性和有效性，入选的专家需达到以下标准：①具有副高级及以上职称，学历为硕士及以上；②从事老年或老年健康服务相关研究 10 年及以上；③对本次调查具有一定的积极性，自愿配合完成专家咨询，专家基本情况如表 6-2 所示。

表 6-2　专家基本情况

名称	类别	频次	占比 /%
性别	男	6	30
	女	14	70
年龄	31~40 岁	4	20
	41~50 岁	14	70
	51~60 岁	2	10
学历	硕士	2	10
	博士及以上	18	90
职称	副高级	8	40
	正高级	12	60
单位性质	高校	18	90
	研究机构	2	10

在第一轮专家咨询中，共发放 25 份专家咨询问卷，回复率 80%，有效率 100%；第二轮专家咨询中，共发放 20 份专家咨询问卷，回复率 100%，有效率 100%，如表 6-3 所示。

表 6-3　专家积极系数

	发放问卷 / 份	回复问卷 / 份	回复率 /%	有效率 /%	积极系数
第一轮	25	20	80	100	0.8
第二轮	20	20	100	100	1

德尔菲法一般专家权威系数大于 0.7 则认为专家函询可信程度较高。本研究中判断依据（Ca）为 0.99 ± 0.03，熟悉程度（Cs）为 0.80 ± 0.09，权威系数（Cr）为 0.90 ± 0.04，结果较为可靠，如表 6-4 所示。

表 6-4　专家权威系数表

专家序号	判断依据（Ca）	熟悉程度（Cs）	权威系数（Cr）
1	1	0.8	0.9
2	1	0.8	0.9

续表

专家序号	判断依据（Ca）	熟悉程度（Cs）	权威系数（Cr）
3	1	0.8	0.9
4	1	0.8	0.9
5	1	0.8	0.9
6	1	0.8	0.9
7	0.9	1	0.95
8	1	0.6	0.8
9	1	0.8	0.9
10	1	0.8	0.9
11	1	0.8	0.9
12	1	0.8	0.9
13	1	0.8	0.9
14	1	0.8	0.9
15	0.9	1	0.95
16	1	0.6	0.8
17	1	0.8	0.9
18	1	0.8	0.9
19	0.9	1	0.95
20	1	0.8	0.9

本研究用 Kendall 协调系数 W 来检验专家意见的协调程度，协调系数在 0~1 之间取值，越接近 1 协调程度越好。经过两轮专家函询后，一级、二级和三级指标的协调系数分别为 0.840、0.755 和 0.739（$P<0.005$），协调程度较好，如表 6-5 所示。

表 6-5 专家咨询协调系数

指标	W	df	x^2	P
一级指标	0.840	3.000	13.200	0.004
二级指标	0.755	9.000	31.908	0.000
三级指标	0.739	43.000	102.767	0.000

本研究根据保留变异系数 <0.25，重要性均值 >3.5 分指标的原则对指标进行筛选。第一轮专家咨询结果如表 6-6 所示。可以看出 4 个一级指标的重要性得分均值为 3.90~4.90，变异系数为 0.06~0.31。有专家提出，"经济因素维度应作为影响因素来分析，而不应作为评价体系"，故删除一级指标"经济因素"；

此外，有专家建议增加一级指标"服务内容完备程度"，即医疗保健相关服务的内容完整性，予以采纳。二级指标重要性得分均值为 3.40~4.70，变异系数为 0.14~0.35。有专家认为，地理可及性最终表现为时间花费，老年人期望是影响因素不是评价指标，感知绩效指标太过宏大，老年人满意与老年人抱怨重复，老年人信任与可靠性重复，因此对医疗相关经济因素、养老相关经济因素、地理可及性、老年人期望、感知绩效、老年人满意和老年人信任 7 个二级指标予以删除。增加指标"老年绿色通道"，即医疗机构的老年就医绿色通道建设情况；增加"健康档案"和"医疗保健服务"，即健康档案和医疗保健相关服务内容。修改指标"时间花费"为"耗费时长"，修改"老年人抱怨"为"满意情况"。三级指标的重要性得分均值为 3.10~4.70，变异系数为 0.14~0.51，专家对三级指标的意见存在差异。采纳专家的部分意见，结合指标筛选标准，经过课题组讨论，最终删除"医疗服务项目价格""医保报销覆盖病种""医保报销比例""养老服务项目价格""养老金保障情况""老年津（补）贴发放"等；增加"享受优先挂号服务""享受优先就诊服务""享受优先缴费服务""享受优先住院服务""享受优先检查服务""享受优先取药服务"等指标。

表 6-6　第一轮专家咨询结果

指标		均数	标准差	变异系数
一级指标	经济因素	3.90	1.20	0.31
	就医便利性	4.90	0.32	0.06
	服务质量体验	4.80	0.42	0.09
	服务满意度	4.90	0.32	0.06
二级指标	医疗相关经济因素	3.40	1.17	0.35
	养老相关经济因素	4.00	1.25	0.31
	地理可及性	4.10	1.20	0.29
	时间花费	4.00	0.94	0.24
	有形性	4.70	0.67	0.14
	可靠性	4.50	0.71	0.16
	响应性	4.50	0.71	0.16
	保证性	4.50	0.71	0.16
	移情性	4.10	0.88	0.21
	老年人期望	4.20	1.32	0.31
	感知绩效	4.30	1.25	0.29

续表

	指标	均数	标准差	变异系数
二级指标	老年人满意	4.40	1.26	0.29
	老年人抱怨	4.20	0.92	0.22
	老年人信任	4.10	1.37	0.33
三级指标	医疗服务项目价格	4.00	1.25	0.31
	医保报销覆盖病种	4.00	1.25	0.31
	医保报销比例	4.10	1.20	0.29
	养老服务项目价格	4.30	1.34	0.31
	养老金保障情况	4.30	1.25	0.29
	老年津（补）贴发放	4.20	1.23	0.29
	到最近医疗机构的距离	4.60	0.70	0.15
	家庭医生上门服务频率	3.90	0.99	0.25
	就医手续繁琐	3.60	1.35	0.37
	等候时间较长	4.10	0.88	0.21
	医疗药品设施齐全	4.20	1.14	0.27
	家政服务设施齐全	3.60	1.84	0.51
	精神慰藉设施完善	3.30	1.57	0.47
	社区娱乐设施丰富	3.40	1.26	0.37
	医疗服务内容全面	4.30	1.16	0.27
	家政服务内容全面	4.10	1.37	0.33
	精神慰藉内容全面	3.50	1.35	0.39
	文化娱乐项目多样	3.60	1.35	0.37
	及时提供医疗护理	4.70	0.67	0.14
	及时解决生活难题	4.20	1.32	0.31
	及时进行心理疏导	3.70	1.57	0.42
	准时提供文娱服务	3.50	1.43	0.41
	医护人员值得信赖	4.60	0.70	0.15
	家政服务效果良好	4.20	1.32	0.31
	精神慰藉效果良好	3.80	1.32	0.35
	积极组织文娱活动	3.50	1.27	0.36
	提供个性化的康复服务	4.60	0.70	0.15
	根据老人需求制定家政服务	4.10	1.29	0.31
	临终关怀服务	4.40	0.70	0.16
	为老人开设不同娱乐设施	3.10	1.66	0.54
	对服务满足个人需要的期望程度	4.00	1.25	0.31
	对服务质量的期望程度	4.10	1.29	0.31

续表

指标		均数	标准差	变异系数
三级指标	服务满足需求程度	4.10	1.29	0.31
	费用支出与服务"物有所值"程度	4.80	0.63	0.13
	向相关部门提供建议渠道的畅通性	3.30	1.16	0.35
	与预期相比满意度	3.90	1.66	0.43
	与理想相比满意度	3.40	1.51	0.44
	医养服务总体评价	4.40	0.84	0.19
	对服务不满意时向他人抱怨	4.50	0.85	0.19
	愿意向熟人推荐服务	4.50	0.71	0.16
	积极关注医养服务发展	3.10	1.37	0.44

在吸收专家意见的基础上,形成了第二轮专家咨询问卷,共 4 个一级指标、10 个二级指标、44 个三级指标,如表 6-7 所示。

表 6-7　第二轮专家咨询问卷

一级指标	二级指标	三级指标
就医便利性	老年绿色通道	享受优先挂号服务
		享受优先就诊服务
		享受优先缴费服务
		享受优先住院服务
		享受优先检查服务
		享受优先取药服务
	耗费时长	到最近医疗机构的时间花费
		乡镇卫生院(社区卫生中心)排队时间较短
		二级及以上医疗卫生机构排队时间较短
服务内容完备程度	健康档案	建立个人健康档案
		健康档案长期跟踪
	医疗保健服务	中医药服务
		健康咨询服务
		预防保健服务
		疾病诊疗服务
		康复护理服务
		长期照护服务
服务质量体验	有形性	乡镇卫生院(社区卫生中心)医疗卫生设施及药品齐全
		二级(及以上)医院医疗卫生设施及药品齐全
	可靠性	中医药服务效果良好

续表

一级指标	二级指标	三级指标
服务质量体验	可靠性	健康咨询服务效果良好
		预防保健服务效果良好
		疾病诊疗服务效果良好
		康复护理服务效果良好
		长期照护服务效果良好
	响应性	能及时提供中医药服务
		能及时提供健康咨询服务
		能及时提供预防保健服务
		能及时提供疾病诊疗服务
		能及时提供康复护理服务
		能及时提供长期照护服务
	保证性	医护服务人员态度良好
		医护服务人员专业能力较强
		在接受医疗保健服务时能感到放心
	移情性	根据老人需求提供中医药服务
		根据老人需求提供健康咨询服务
		根据老人需求提供预防保健服务
		根据老人需求提供疾病诊疗服务
		根据老人需求提供康复护理服务
		根据老人需求提供长期照护服务
服务满意度	满意情况	对服务"物有所值"的满意度
		对服务不满意时会向他人抱怨
		愿意向熟人推荐服务
		对老年健康服务的总体评价

6.2.4　第二轮专家咨询结果

通过第一轮专家咨询，确立了第二轮老年健康服务获得感指标集。第二轮专家咨询结果如表 6-8 所示。所有一级指标的重要性得分均值为 4.30~4.90，变异系数为 0.06~0.16。有专家建议将一级指标"服务满意度"删除，而将其下属二级和三级指标归入一级指标"服务质量体验"，经课题组讨论后予以采纳。修改"服务内容完备程度"为"医疗服务内容完备程度"，修改"服务质量体验"为"医疗服务质量体验"。所有二级指标的重要性得分均值为 4.10~4.90，变异系数为 0.06~0.22。经讨论修改"耗费时长"为"就医过程耗费时长"，修改"满意情况"为"医疗服务满意情况"。所有三级指标的重要性得分均值为4.00~4.90，变异系数为0.06~0.29。有专家认为长期照护服务覆盖范围过广，与其他医疗保健相关服务有交叉重叠，建议删除。结合指标筛选标准，并经过课题组讨论，删除"长期照护服务""长期照护服务效果良好""能及时提供长期照护服务""根据老人需求提供长期照护服务""对服务不满意时会向他人抱怨"等三级指标。修改"乡镇卫生院（社区卫生中心）排队时间较短"为"基层医疗卫生机构排队时间较短"，修改"乡镇卫生院（社区卫生中心）医疗卫生设施及药品齐全"为"基层医疗卫生机构整体环境良好"，修改"二级（及以上）医院医疗卫生设施及药品齐全"为"二级及以上医疗卫生机构整体环境良好"。

表6-8 第二轮专家咨询结果

	指标	均数	标准差	变异系数
一级指标	就医便利性	4.80	0.42	0.09
	服务内容完备程度	4.30	0.67	0.16
	服务质量体验	4.90	0.32	0.06
	服务满意度	4.80	0.63	0.13
二级指标	老年绿色通道	4.10	0.74	0.18
	耗费时长	4.60	0.70	0.15
	健康档案	4.70	0.48	0.10
	医疗保健服务	4.90	0.32	0.06
	有形性	4.30	0.67	0.16
	可靠性	4.80	0.42	0.09
	响应性	4.90	0.32	0.06
	保证性	4.90	0.32	0.06
	移情性	4.20	0.92	0.22
	满意情况	4.80	0.63	0.13
三级指标	享受优先挂号服务	4.20	0.63	0.15
	享受优先就诊服务	4.20	0.63	0.15
	享受优先缴费服务	4.20	0.63	0.15
	享受优先住院服务	4.20	0.63	0.15
	享受优先检查服务	4.10	0.57	0.14
	享受优先取药服务	4.10	0.57	0.14
	到最近医疗机构的时间花费	4.60	0.70	0.15
	乡镇卫生院（社区卫生中心）排队时间较短	4.00	0.94	0.24
	二级及以上医疗卫生机构排队时间较短	4.30	0.82	0.19

续表

指标		均数	标准差	变异系数
三级指标	建立个人健康档案	4.90	0.32	0.06
	健康档案长期跟踪	4.90	0.32	0.06
	中医药服务	4.20	0.63	0.15
	健康咨询服务	4.60	0.52	0.11
	预防保健服务	4.90	0.32	0.06
	疾病诊疗服务	4.70	0.67	0.14
	康复护理服务	4.60	0.52	0.11
	长期照护服务	4.30	1.25	0.29
	乡镇卫生院（社区卫生中心）医疗卫生设施及药品齐全	4.60	0.52	0.11
	二级（及以上）医院医疗卫生设施及药品齐全	4.40	0.70	0.16
	中医药服务效果良好	4.50	0.71	0.16
	健康咨询服务效果良好	4.50	0.53	0.12
	预防保健服务效果良好	4.90	0.32	0.06
	疾病诊疗服务效果良好	4.90	0.32	0.06
	康复护理服务效果良好	4.60	0.52	0.11
	长期照护服务效果良好	4.30	1.25	0.29
	能及时提供中医药服务	4.70	0.48	0.10
	能及时提供健康咨询服务	4.60	0.52	0.11
	能及时提供预防保健服务	4.90	0.32	0.06
	能及时提供疾病诊疗服务	4.90	0.32	0.06
	能及时提供康复护理服务	4.60	0.52	0.11
	能及时提供长期照护服务	4.40	1.26	0.29
	医护服务人员态度良好	4.90	0.32	0.06
	医护服务人员专业能力较强	4.90	0.32	0.06
	在接受医疗保健服务时能感到放心	4.60	0.52	0.11
	根据老人需求提供中医药服务	4.50	0.53	0.12
	根据老人需求提供健康咨询服务	4.40	0.52	0.12
	根据老人需求提供预防保健服务	4.70	0.48	0.10
	根据老人需求提供疾病诊疗服务	4.70	0.48	0.10
	根据老人需求提供康复护理服务	4.40	0.52	0.12
	根据老人需求提供长期照护服务	4.20	1.23	0.29
	对服务"物有所值"的满意度	4.80	0.42	0.09
	对服务不满意时会向他人抱怨	4.20	1.23	0.29
	愿意向熟人推荐服务	4.50	0.53	0.12
	对老年健康服务的总体评价	4.80	0.42	0.09

通过两轮专家咨询得到老年健康服务获得感评价最终指标集，共计 3 个一级指标、10 个二级指标、39 个三级指标，如表 6-9 所示。

表 6-9　老年健康服务获得感指标集

一级指标	二级指标	三级指标
就医便利性	老年绿色通道	享受优先挂号服务
		享受优先就诊服务
		享受优先缴费服务
		享受优先住院服务
		享受优先检查服务
		享受优先取药服务
	就医过程耗费时长	到最近医疗机构的时间花费
		基层医疗卫生机构排队时间较短
		二级及以上医疗卫生机构排队时间较短
医疗服务内容完备程度	健康档案	建立个人健康档案
		健康档案长期跟踪
	医疗保健服务	中医药服务
		健康咨询服务
		预防保健服务
		疾病诊疗服务
		康复护理服务
医疗服务质量体验	有形性	基层医疗卫生机构整体环境良好
		二级及以上医疗卫生机构整体环境良好
	可靠性	中医药服务效果良好
		健康咨询服务效果良好
		预防保健服务效果良好
		疾病诊疗服务效果良好
		康复护理服务效果良好
	响应性	能及时提供中医药服务
		能及时提供健康咨询服务
		能及时提供预防保健服务
		能及时提供疾病诊疗服务
		能及时提供康复护理服务
	保证性	医护服务人员态度良好
		医护服务人员专业能力较强
		在接受医疗保健服务时能感到放心
	移情性	根据老人需求提供中医药服务

续表

一级指标	二级指标	三级指标
医疗服务质量体验	移情性	根据老人需求提供健康咨询服务
		根据老人需求提供预防保健服务
		根据老人需求提供疾病诊疗服务
		根据老人需求提供康复护理服务
	医疗服务满意情况	对服务"物有所值"的满意度
		愿意向熟人推荐服务
		对老年健康服务的总体评价

6.2.5　老年健康服务获得感指标集的修正与检验

为提升老年健康服务获得感评价指标的可靠性,利用实证调查得到的数据,采取因子分析的方法,对经过德尔菲法得到的老年健康服务获得感指标集进行修正,并进行信度检验。

1)实证调查设计

按照分层抽样的方法,首先根据重庆市各区县老年人口数量,将重庆市所有区县按老年人口数划分为 20 万以下、20 万~30 万和 30 万以上三个层级,并结合地理位置分布情况,再分别在这三层级中各随机抽取一个区县作为样本调查区县。最终选择了渝中、永川和万州三个区。分别在每个区内随机抽取两个街道(镇),包括渝中区上清寺街道、大溪沟街道,永川区大安街道、中山路街道,万州区牌楼街道、高笋塘街道,对 60 岁及以上的老年人开展现场调查。

调查问卷共包含两个主要部分。第一部分主要是老年人的基本情况和医养服务利用情况调查。根据安德森模型理论,将性别、年龄、婚姻状况、文化程度和常住地类型归入前倾因素中;将有无医疗保险和养老保险、月收入归入使能因素中;将有无慢病、自评健康状况作为需求因素。以过去一个月的"月就诊次数"和过去一年的"医疗费用支出"两个指标衡量医疗服务利用,以"是否利用过养老服务"作为衡量养老服务利用的指标。第二部分根据上述构建的老年健康服务获得感指标集的三级指标一一对应编制而成,各指标采用 Likert 5 级评分法,请老年人对获得感的强弱进行评分。

正式调查前,在三个样本地区各采用方便随机抽取的方法选取 30 名 60 岁及以上的老年人开展预调查,根据反馈意见,对问卷进行优化。在问卷第一部分中增加"您的养老模式"和"您常去看病的医疗机构级别"两个问题；将第二部分中"基层医疗机构排队时间"和"二级及以上医院排队时间"两个问题合并为"您常去看病医院的排队时间"，将"基层医疗卫生机构整体环境良好"和"二级及以上医疗卫生机构整体环境良好"两个问题合并为"您常去医院的整体环境良好"。

信度是对问卷测量的一致性或稳定性程度的表达，系数值越大，则说明结果越稳定。本次问卷调查的 Cronbach's α 系数为 0.860，可靠性较好。进行 KMO 和 Bartletts Test of Sphericity 检验，KMO 值为 0.871，根据 Kaiser 准则分析，KMO 值大于 0.6，Bartlett 球形检验卡方统计值的显著性概率为 0.000，小于 0.05，则说明具备统计学意义。

2）老年健康服务利用情况

调查对象中养老方式为居家养老的老年人占 92.4%；常去医疗机构类型以基层医院为主，占比为 63.5%。在前倾因素中，性别分布较为均匀，男性占比 52.2%；42.4% 的调查对象年龄为 70~79 岁，60~69 岁占 32.2%；已婚占比 61.5%；文化程度小学及以下占 68.3%；常住地类型以城市占比稍高（59.8%）。在使能因素中，拥有医疗保险和养老保险的老人分别占 98.5% 和 90.2%；月收入小于 2 000 元的占 67.2%。在需求因素中，身患慢性病的老年人占比为 55.4%；自评健康状况一般占 40.4%，较好占 25.0%，较差占 25.7%，而很好和很差占比最少，分别为 4.6% 和 4.3%，如表 6-10 所示。

表 6-10　调查对象基本信息

名称	类别	频次	百分比 /%
养老方式	居家养老	499	92.4
	社区养老	41	7.6
常去医疗机构类型	基层医院	343	63.5
	二级医院	106	19.6
	三级医院	91	16.9
性别	男	282	52.2
	女	258	47.8
年龄	60~69 岁	174	32.2
	70~79 岁	229	42.4
	80 岁及以上	137	25.4

续表

名称	类别	频次	百分比 /%
婚姻状况	单身	208	38.5
	已婚	332	61.5
文化程度	小学及以下	369	68.3
	初中	132	24.4
	高中 / 中专及以上	39	7.2
常住地类型	城市	323	59.8
	农村	217	40.2
有无医疗保险	有	532	98.5
	无	8	1.5
有无养老保险	有	487	90.2
	无	53	9.8
月收入	小于 2 000 元	363	67.2
	2 000~3 999 元	141	26.1
	4 000 元及以上	36	6.7
有无慢性病	有	299	55.4
	无	241	44.6
自评健康状况	很好	25	4.6
	较好	135	25.0
	一般	218	40.4
	较差	139	25.7
	很差	23	4.3

3）主成分分析

运用主成分分析进行因子提取。通过各个变量的公因子方差检验每个指标对老年健康服务获得感评价的影响程度。公因子方差越大，表明对老年健康服务获得感评价的影响程度越高。一般认为公因子方差小于 0.5 时，该指标的影响程度较小，应当予以删除。从表 6-11 中可以看出，物有所值这一指标的公因子方差小于 0.5，说明其对获得感评价的影响程度较小，将其剔除。

表 6-11　老年健康服务获得感指标公因子方差

	初始	共同度		初始	共同度
挂号服务优先程度	1	0.873	康复护理服务可靠性	1	0.805
就诊服务优先程度	1	0.898	中医药服务可靠性	1	0.593
缴费服务优先程度	1	0.932	疾病诊疗服务响应性	1	0.573

续表

	初始	共同度		初始	共同度
住院服务优先程度	1	0.907	健康咨询服务响应性	1	0.644
检查服务优先程度	1	0.906	预防保健服务响应性	1	0.628
取药服务优先程度	1	0.924	康复护理服务响应性	1	0.703
前往最近医疗机构时间耗费	1	0.649	中医药服务响应性	1	0.708
常去医院排队时间	1	0.682	医护服务人员态度良好	1	0.652
个人健康档案了解情况	1	0.641	医护服务人员专业能力	1	0.674
健康状况跟进了解情况	1	0.569	感到放心	1	0.689
疾病诊疗服务内容完备程度	1	0.619	疾病诊疗服务移情性	1	0.708
健康咨询服务内容完备程度	1	0.693	健康咨询服务移情性	1	0.79
预防保健服务内容完备程度	1	0.761	预防保健服务移情性	1	0.731
康复护理服务内容完备程度	1	0.812	康复护理服务移情性	1	0.743
中医药服务内容完备程度	1	0.735	中医药服务移情性	1	0.726
常去医院整体环境	1	0.504	物有所值	1	0.300
疾病诊疗服务可靠性	1	0.740	推荐医疗服务	1	0.631
健康咨询服务可靠性	1	0.702	总体评价	1	0.668
预防保健服务可靠性	1	0.738			

为了更加简便直观地研究变量间的关系，在做因子分析前先定义变量：X1=挂号服务优先程度；X2= 就诊服务优先程度；X3= 缴费服务优先程度；X4= 住院服务优先程度；X5= 检查服务优先程度；X6= 取药服务优先程度；X7= 前往最近医疗机构时间耗费；X8= 常去医院排队时间；X9= 个人健康档案了解情况；X10= 健康状况跟进了解情况；X11= 疾病诊疗服务内容完备程度；X12= 健康咨询服务内容完备程度；X13= 预防保健服务内容完备程度；X14= 康复护理服务内容完备程度；X15= 中医药服务内容完备程度；X16= 常去医院整体环境；X17= 疾病诊疗服务可靠性；X18= 健康咨询服务可靠性；X19= 预防保健服务可靠性；X20= 康复护理服务可靠性；X21= 中医药服务可靠性；X22= 疾病诊疗服务响应性；X23= 健康咨询服务响应性；X24= 预防保健服务响应性；X25= 康

复护理服务响应性；X26= 中医药服务响应性；X27= 医护服务人员态度良好；X28= 医护服务人员专业能力；X29= 感到放心；X30= 疾病诊疗服务移情性；X31= 健康咨询服务移情性；X32= 预防保健服务移情性；X33= 康复护理服务移情性；X34= 中医药服务移情性；X35= 推荐医疗服务；X36= 总体评价。

选取特征值大于 1 的因子，采用最大方差旋转法进行探索性因子分析，最终提取出 8 个公因子，分别将其定义为 F1~F8，累计方差贡献率为 70.945%，如表 6-12 所示。

表 6-12　解释的总方差

	初始特征值			提取平方和载入			旋转平方和载入		
	合计	方差的%	累积%	合计	方差的%	累积%	合计	方差的%	累积%
1	7.298	19.724	19.724	7.298	19.724	19.724	5.869	15.862	15.862
2	6.372	17.221	36.946	6.372	17.221	36.946	3.729	1C.077	25.939
3	3.384	9.145	46.090	3.384	9.145	46.090	3.368	9.103	35.042
4	2.525	6.824	52.914	2.525	6.824	52.914	3.286	8 880	43.922
5	2.156	5.827	58.741	2.156	5.827	58.741	2.903	7 847	51.769
6	1.613	4.359	63.100	1.613	4.359	63.100	2.802	7.572	59.341
7	1.496	4.042	67.142	1.496	4.042	67.142	2.589	6.996	66.337
8	1.407	3.802	70.945	1.407	3.802	70.945	1.705	4.607	70.945

表 6-13 是旋转后的因子负荷矩阵，其中 F1 包含了 X1，X2，X3，X4，X5，X6 六个条目，主要反映了就医过程中的老年绿色通道建设情况，故命名为"老年绿色通道"；F2 包含了 X9，X10，X14，X20，X25，X33 六个条目，主要反映了老年人健康长期追踪和愈后康复护理服务，故命名为"健康档案与康复护理服务"；F3 包含了 X15，X21，X26，X34 四个条目，主要反映了对接受中医药服务的体验，故命名为"中医药服务"；F4 包含了 X16，X27，X28，X29，X35，X36 六个条目，主要反映了对接受医疗服务的总体体验，故命名为"医疗服务总体感知"；F5 包含了 X12，X18，X23，X31 四个条目，主要反映了对接受健康咨询服务的体验，故命名为"健康咨询服务"；F6 包含了 X13，X19，X24，X32 四个条目，主要反映了对接受预防保健服务的体验，故命名为"预防保健服务"；F7 包含了 X11，X17，X22，X30 四个条目，主要反映了对接受疾病诊疗服务的体验，故命名为"疾病诊疗服务"；F8 包含了 X7，X8 两个条目，主要反映了对就医过程时间耗费的体验，故命名为"就医过程时间耗费"。

表 6-13　因子负荷表

指标	F1	F2	F3	F4	F5	F6	F7	F8
X1	0.917							
X2	0.931							
X3	0.947							
X4	0.940							
X5	0.936							
X6	0.944							
X9		0.539						
X10		0.629						
X14		0.871						
X20		0.873						
X25		0.635						
X33		0.809						
X15			0.829					
X21			0.737					
X26			0.806					
X34			0.836					
X16				0.612				
X27				0.785				
X28				0.781				
X29				0.704				
X35				0.501				
X36				0.656				
X12					0.777			
X18					0.793			
X23					0.729			
X31					0.810			
X13						0.828		
X19						0.813		
X24						0.715		
X32						0.812		
X11							0.706	
X17							0.799	
X22							0.606	
X30							0.736	
X7								0.692
X8								0.793

对修正后的问卷进行信度检验，由表 6-14 可知，除疾病诊疗服务和就医过程时间耗费的内部一致性系数为 0.7~0.8，其余均在 0.8 以上，表明修正后问卷整体上具有较好可靠性。

表 6-14　修正后问卷 Cronbach's α 系数

整体	老年绿色通道	健康档案与康复护理服务	中医药服务	医疗服务总体感知	健康咨询服务	预防保健服务	疾病诊疗服务	就医过程时间耗费
0.857	0.980	0.875	0.854	0.821	0.846	0.844	0.793	0.705

最后得到修正后的老年健康服务获得感评价模型包含 8 个维度、36 个具体指标，如表 6-15 所示。

表 6-15　修正后老年健康服务获得感指标集

维度	指标	维度	指标
老年绿色通道	挂号服务上的优先程度	健康档案与康复护理服务	是否清楚您的个人健康档案建立情况
	就诊服务上的优先程度		如何评价医生或组织对健康状况进行实时跟进了解的情况
	缴费服务上的优先程度		康复护理服务内容完备程度
	住院服务上的优先程度		康复护理服务的可靠性
	检查服务上的优先程度		康复护理服务的响应性
	取药服务上的优先程度		康复护理服务的移情性
中医药服务	中医药服务内容完备程度	医疗服务总体感知	如何评价常去医院的整体环境
	中医药服务的可靠性		医护服务人员态度是否良好
	中医药服务的响应性		医护服务人员专业能力如何
	中医药服务的移情性		在接受医疗保健服务时是否感到放心
健康咨询服务	健康咨询服务内容完备程度		是否愿意向熟人推荐您接受过的医疗服务
	健康咨询服务的可靠性		对得到的医疗服务的总体评价

续表

维度	指标	维度	指标
健康咨询服务	健康咨询服务的响应性	预防保健服务	预防保健服务内容完备程度
	健康咨询服务的移情性		预防保健服务的可靠性
疾病诊疗服务	疾病诊疗服务内容完备程度		预防保健服务的响应性
	疾病诊疗服务的可靠性		预防保健服务的移情性
	疾病诊疗服务的响应性	就医过程时间耗费	评价前往最近医疗机构的时间耗费
	疾病诊疗服务的移情性		评价常去医院的排队时间

6.3 老年健康服务获得感评分

根据 Likert 5 级评分法，规定"1~5 分"分别表示获得感"很弱""较弱""一般""较强"和"很强"。经过修正后的老年健康服务获得感指标集，整体获得感评分为 2.85 ± 0.35 分，整体获得感偏弱。由表 6-16 可以看出，老年绿色通道、健康档案和康复护理服务、中医药服务、预防保健服务四个维度获得感评分均值均低于 3 分，获得感偏弱。

表 6-16 修正后老年健康服务获得感指标集得分（$\bar{x} \pm s$）

维度 / 指标	获得感评分	维度 / 指标	获得感评分
老年就医绿色通道	2.32 ± 0.86	健康档案与康复护理服务	1.85 ± 0.68
享受优先挂号服务	2.44 ± 0.93	是否清楚您的个人健康档案建立情况	1.65 ± 0.80
享受优先就诊服务	2.33 ± 0.91	医生或组织对您健康状况进行定期了解	1.79 ± 0.83
享受优先缴费服务	2.29 ± 0.92	康复护理服务内容完备程度	1.81 ± 0.84
享受优先住院服务	2.28 ± 0.87	康复护理服务效果良好	1.94 ± 0.94
享受优先检查服务	2.26 ± 0.87	能及时提供康复护理服务	1.96 ± 0.89
享受优先取药服务	2.31 ± 0.93	根据老人需求提供康复护理服务	1.97 ± 0.92

续表

维度 / 指标	获得感评分	维度 / 指标	获得感评分
中医药服务	2.85 ± 0.73	医疗服务总体感知	3.56 ± 0.55
中医药服务内容完备程度	2.71 ± 0.97	如何评价常去医院的整体环境	3.73 ± 0.83
中医药服务效果良好	2.96 ± 0.77	医护服务人员态度是否良好	3.68 ± 0.76
能及时提供中医药服务	2.91 ± 0.95	医护服务人员专业能力如何	3.64 ± 0.69
根据老人需求提供中医药服务	2.81 ± 0.80	在接受医疗保健服务时是否感到放心	3.50 ± 0.83
健康咨询服务	3.16 ± 0.67	是否愿意向熟人推荐接受过的医疗服务	3.41 ± 0.80
健康咨询服务内容完备程度	3.32 ± 0.86	对得到的医疗服务的总体评价	3.36 ± 0.66
健康咨询服务效果良好	3.25 ± 0.76	预防保健服务	2.83 ± 0.73
能及时提供健康咨询服务	2.97 ± 0.86	预防保健服务内容完备程度	2.87 ± 0.90
根据老人需求健康咨询服务	3.12 ± 0.76	预防保健服务效果良好	2.90 ± 0.86
疾病诊疗服务	3.44 ± 0.62	能及时提供预防保健服务	2 63 ± 0.91
疾病诊疗服务内容完备程度	3.44 ± 0.83	根据老人需求提供预防保健服务	2.93 ± 0.85
疾病诊疗服务效果良好	3.62 ± 0.72	就医过程时间耗费	3.70 ± 0.84
能及时提供疾病诊疗服务	3.28 ± 0.83	评价前往最近医疗机构的时间耗费	3.80 ± 1.01
根据老人需求提供疾病诊疗服务	3.43 ± 0.79	评价常去医院的排队时间	3.60 ± 0.90

　　从老年健康服务获得感评分发现的主要问题有以下几个方面。一是医疗与养老服务未能有效衔接。从结果来看，老年人对个人照护、上门做家务、助餐服务、老年服务热线、应急救助等养老服务的利用极为欠缺。近年来，虽然多地积极创新探索老年健康服务的服务模式，政策文件逐年增加，政策体系不断完善，老年健康服务的服务能力也在不断提升，但是医疗与养老服务仍然未能有效衔接，两类服务融合不足。老年人的家庭环境和社区公共场所适老化设计普遍较差，且目前养老体系和医疗体系相互独立，不利于老年健康服务的推进。

同时，从技术层面上来说，养老服务和医疗服务分别有属于自己的信息系统，彼此之间信息流通闭塞，缺乏有效共享，老年健康服务在实际运作过程中会面临诸多障碍，融合进程受阻。二是老年人就医绿色通道建设不足。由于老年人自身免疫力下降，抵抗力差，健康突发状况偶有发生，因此，在医疗卫生机构，尤其是二级及以上的医院，为老年人开设就诊绿色通道，能有效避免由于在挂号、候诊、办理住院等过程造成的时间浪费，尽快地让老年患者得到有效的诊治，防止病情随着时间的推移而加重。目前全国多个地区已经出台了相关文件并积极开设老年绿色通道，开设为老年人提供优先挂号、优先就医等便利服务的绿色通道。但是在调查中发现，重庆市老年人对于老年就医绿色通道维度的获得感较弱，与年轻人相比，在挂号、就诊、缴费、住院、检查、取药等多个环节极少能享受优先权。而从医院级别来看，常去基层医疗卫生机构就诊的老人普遍反映因为人数不多，看病方便，排队耗时较短，这提示了重庆市分级诊疗制度还需要进一步深化，让"基层首诊"的比例更高；而常去二级及以上医院的老人则表示，往往需要很早就前往医院，和年轻人一起排队，十分不方便，由此可见目前重庆市在二级及以上医院加强老年人就医绿色通道建设的紧迫性和必要性。三是老年居民对健康档案的认知程度偏低。健康档案的建立，有利于个人连续动态了解自身健康状况，提高疾病预防和保健意识，减少疾病发生；有利于医务人员及时全面了解辖区内居民的健康状况及卫生服务需求，有针对性地向居民开展健康教育、预防保健等医疗卫生服务，有利于疾病早发现、早预防、早控制；有利于卫生行政部门全面了解居民的整体健康状况、重大疾病构成、有关危险因素，进而有针对性地开展预防干预措施并评价预防效果，为制定相关卫生政策提供重要依据。样本区老年人对个人健康档案的认知程度偏低，很多人没有听说过或不太了解健康档案；且平时极少有医生或组织主动上门了解老年居民身体健康状况，对健康档案的更新完善水平较差。由此可知基层医生和管理部门还应增加对健康档案的普及、建立和不断完善对于老年人健康管理重要性的认识。四是老年居民对康复护理服务的获得感偏弱。良好的康复护理不仅可以延迟或恢复老年人自理能力的丧失，缓解慢性病痛，提高生命质量，还可以节约医疗成本，减轻患者家庭的经济负担。在调查中发现，老年人对康复护理服务的获得感很低，极少有老人表示在出院过后能得到及时可靠、符合自身病情的康复护理服务。可能是由于医生平时工作负担较重，难以有效保证关注每个出院患者的后续健康状况；其次，机构对于康复护理服务重视程度还不够，未出台相关的奖惩措施以保障康复护理服务的有效推进；另外，目前重庆市社区内的场地、设备及人员专业性都还难以满足老年居民的康复服务需求。五是老年人对中医药服务的获得感偏弱。中医药与养老服务的融合也一直受到政府的高度重视，近年来国家明确提出要"推动中医药与养老融合发展，促进中医医疗资源进入养老机构、社区和居民家庭"。然而在调查中发现，老年人整体对中医药服务的获得感偏弱，平时对中医药服务的利用较少。这可能是由于大多数老年人患有高血压和糖尿病等慢性病，而目前一般慢性病的治疗和控制普遍以西医药为主；此外，大多数老年人是在医生的建议下被动接受的，主动寻求中医药服务的老年人很少；目前虽然在宏观政策角度大力推进中医药和养老融合，但中医药技术的适老化改造还不足，没有操作性很好的具体实施步骤，无法满足老年健康需求。六是老年人对预防保健服务的获得感偏弱。居民预防保健服务主要包括预防、保健和健康教育等多项服务，是我国基本公共卫生体系的重要组成部分。老年人是多种疾病的高风险人群，开展良好的养生保健、健康指导、健康体检和健康教育等服务，不仅能改善老年人不良生活习惯，预防某些疾病的发生，还能进行疾病的筛查诊断，便于老年人在病情进一步恶化前尽早接受治疗。而老年人对预防保健服务的获得感偏弱，日常生活中接受的预防保健服务种类较少，以国家基本公共卫生服务免费健康体检为主，且及时性和可靠性较差。有部分老年人表示，乡镇卫生院或社区卫生服务中心在组织免费体检时多以派发传单的形式开展宣传，并没有通知到每一个人，导致了很多老年人不知道或错过体检机会；还有的老年人觉得麻烦或以"害怕被抽血"等为由而不愿去体检。

6.4　老年健康服务获得感影响因素分析

将整体获得感评分均值和八个维度的评分均值作为因变量，分别与自变量进行单因素分析，再进行多元线性回归分析。自变量赋值如表 6-17 所示。

表 6-17　老年健康服务自变量赋值

变量	变量描述
养老方式	1= 居家养老（参照组），2= 社区养老
性别	1= 男（参照组），2= 女
婚姻状况	1= 单身（参照组），2= 已婚
常住地类型	1= 城市（参照组），2= 农村
有无养老保险	1= 有（参照组），2= 无
有无医疗保险	1= 有（参照组），2= 无
有无慢性病	1= 有（参照组），2= 无
常去医疗机构类型	1= 基层医院（参照组），2= 二级医院，3= 三级医院
年龄	1=60~69 岁（参照组），2=70~79 岁，3=80 岁及以上
文化程度	1= 小学及以下（参照组），2= 初中，3= 高中/中专及以上
个人月收入	1= 小于 2 000 元（参照组），2=2 000~3 999 元，3=4 000 元及以上
自评健康状况	1= 很好（参照组），2= 较好，3= 一般，4= 较差，5= 很差

6.4.1　获得感总量表评分的影响因素分析

单因素分析结果显示，养老方式、有无慢性病、常去医疗机构类型、文化程度、个人月收入、自评健康状况可能是影响整体获得感评分的因素（$P<0.05$）如表 6-18 所示。

表 6-18　老年健康服务整体获得感评分的单因素分析（$\bar{x} \pm s$）

		整体获得感评分	t/F	P
养老方式	家庭养老（n=499）	2.84 ± 0.35	−2.417	0.016
	社区居家养老（n=41）	2.98 ± 0.31		
性别	男（n=282）	2.86 ± 0.34	0.657	0.512
	女（n=258）	2.84 ± 0.35		
婚姻状况	单身（n=208）	2.86 ± 0.34	0.754	0.451
	已婚（n=332）	2.84 ± 0.35		
常住地类型	城市（n=323）	2.86 ± 0.31	1.026	0.305
	农村（n=217）	2.83 ± 0.39		
有无养老保险	有（n=532）	2.85 ± 0.35	−0.136	0.892
	无（n=8）	2.86 ± 0.41		
有无医疗保险	有（n=487）	2.85 ± 0.36	0.084	0.933
	无（n=53）	2.85 ± 0.24		
有无慢性病	有（n=299）	2.89 ± 0.34	3.069	0.002
	无（n=241）	2.80 ± 0.35		

续表

		整体获得感评分	t/F	P
常去医疗机构类型	基层医院（n=343）	2.82 ± 0.36	4.191	0.016
	二级医院（n=106）	2.86 ± 0.29		
	三级医院（n=91）	2.94 ± 0.33		
年龄	60~69 岁（n=174）	2.82 ± 0.34	1.771	0.171
	70~79 岁（n=229）	2.88 ± 0.34		
	80 岁及以上（n=137）	2.84 ± 0.35		
文化程度	小学及以下（n=369）	2.81 ± 0.35	13.693	0.000
	初中（n=132）	2.90 ± 0.31		
	高中/中专及以上（n=39）	3.08 ± 0.32		
个人月收入	小于 2 000 元（n=363）	2.83 ± 0.35	9.922	0.000
	2 000~3 999 元（n=141）	2.84 ± 0.32		
	4 000 元及以上（n=36）	3.09 ± 0.3		
自评健康状况	很好（n=25）	2.91 ± 0.3	5.239	0.000
	较好（n=135）	2.81 ± 0.34		
	一般（n=218）	2.85 ± 0.35		
	较差（n=139）	2.91 ± 0.33		
	很差（n=23）	2.59 ± 0.43		

多因素分析结果显示，有无慢性病、文化程度和自评健康状况显著影响整体获得感评分（$P<0.05$）。其中有慢性病、文化程度较高、自评健康状况较好的老年人老年健康服务获得感强，如表 6-19 所示。

表 6-19　整体获得感评分的多因素分析

	B	S.E.	StdB	t	P
（常量）	2.929	0.112		26.202	0.000
养老方式	0.064	0.057	0.049	1.129	0.259
有无慢性病	−0.128	0.035	−0.183	−3.699	0.000
常去医疗机构类型	0.031	0.022	0.070	1.452	0.147
文化程度	0.117	0.032	0.208	3.636	0.000
月收入	−0.024	0.034	−0.041	−0.696	0.487
自评健康状况	−0.048	0.019	−0.127	−2.505	0.013

6.4.2　老年绿色通道维度评分的影响因素分析

单因素分析结果显示，婚姻状况、常住地类型、常去医疗机构类型、文化程度、个人月收入、自评健康状况可能是影响老年绿色通道维度评分的因素（$P<0.05$），如表 6-20 所示。

表 6-20　老年绿色通道维度评分单因素分析（$\bar{x}\pm s$）

		老年绿色通道	t/F	P
养老方式	家庭养老（n=499）	2.30 ± 0.84	−1.39	0.172
	社区居家养老（n=41）	2.54 ± 1.07		
性别	男（n=282）	2.30 ± 0.83	−0.612	0.541
	女（n=258）	2.34 ± 0.90		
婚姻状况	单身（n=208）	2.44 ± 0.94	2.504	0.013
	已婚（n=332）	2.24 ± 0.81		
常住地类型	城市（n=323）	2.40 ± 0.86	2.658	0.008
	农村（n=217）	2.20 ± 0.86		
有无养老保险	有（n=532）	2.31 ± 0.86	−0.74	0.46
	无（n=8）	2.54 ± 0.91		
有无医疗保险	有（n=487）	2.30 ± 0.86	−1.231	0.219
	无（n=53）	2.46 ± 0.88		
有无慢性病	有（n=299）	2.37 ± 0.87	1.451	0.147
	无（n=241）	2.26 ± 0.86		
常去医疗机构类型	基层医院（n=343）	2.18 ± 0.80	14.821	0.000
	二级医院（n=106）	2.46 ± 0.83		
	三级医院（n=91）	2.68 ± 1.00		
年龄	60~69 岁（n=174）	2.22 ± 0.87	2.076	0.126
	70~79 岁（n=229）	2.33 ± 0.83		
	80 岁及以上（n=137）	2.42 ± 0.91		
文化程度	小学及以下（n=369）	2.18 ± 0.82	24.359	0.000
	初中（n=132）	2.48 ± 0.82		
	高中/中专及以上（n=39）	3.08 ± 0.93		
个人月收入	小于 2 000 元（n=363）	2.20 ± 0.83	18.324	0.000
	2 000~3 999 元（n=141）	2.43 ± 0.84		
	4 000 元及以上（n=36）	3.04 ± 0.93		
自评健康状况	很好（n=25）	1.95 ± 0.69	7.854	0.000
	较好（n=135）	2.34 ± 0.83		
	一般（n=218）	2.23 ± 0.81		
	较差（n=139）	2.59 ± 0.91		
	很差（n=23）	1.75 ± 0.99		

多因素分析结果显示，婚姻状况、常去医疗机构类型、文化程度显著影响老年绿色通道得分（$P<0.05$）。其中单身、常去医疗机构类型为三级医院、文化程度较高的老年人老年绿色通道维度获得感强，如表 6-21 所示。

表 6-21 老年绿色通道评分多因素分析

	B	$S.E.$	$StdB$	t	P
（常量）	1.683	0.248		6.791	0.000
婚姻状况	−0.168	0.075	−0.095	−2.244	0.025
常住地类型	0.109	0.084	0.062	1.287	0.198
常去医疗机构类型	0.167	0.054	0.148	3.083	0.002
文化程度	0.303	0.078	0.217	3.861	0.000
月收入	0.069	0.085	0.049	0.821	0.412
自评健康状况	−0.007	0.040	−0.007	−0.167	0.867

6.4.3 健康档案与康复护理服务评分的影响因素分析

单因素分析结果显示，养老方式、婚姻状况、常住地类型、常去医疗机构类型、年龄、文化程度、个人月收入、自评健康状况可能是影响健康档案与康复护理服务维度评分的因素（$P<0.05$），如表 6-22 所示。

表 6-22 健康档案与康复护理评分单因素分析（$\bar{x}\pm s$）

		健康档案与康复护理服务	t/F	P
养老方式	家庭养老（n=499）	1.83 ± 0.68	−3.049	0.002
	社区居家养老（n=41）	2.17 ± 0.71		
性别	男（n=282）	1.86 ± 0.71	0.246	0.806
	女（n=258）	1.84 ± 0.65		
婚姻状况	单身（n=208）	1.96 ± 0.63	2.952	0.003
	已婚（n=332）	1.78 ± 0.70		
常住地类型	城市（n=323）	1.95 ± 0.64	3.920	0.000
	农村（n=217）	1.71 ± 0.72		
有无养老保险	有（n=532）	1.85 ± 0.68	0.075	0.941
	无（n=8）	1.83 ± 0.68		
有无医疗保险	有（n=487）	1.84 ± 0.69	−1.141	0.254
	无（n=53）	1.95 ± 0.64		
有无慢性病	有（n=299）	1.87 ± 0.71	0.568	0.570
	无（n=241）	1.83 ± 0.64		

续表

		健康档案与康复护理服务	t/F	P
常去医疗机构类型	基层医院（n=343）	1.70 ± 0.67	24.782	0.000
	二级医院（n=106）	2.10 ± 0.61		
	三级医院（n=91）	2.13 ± 0.65		
年龄	60~69 岁（n=174）	1.66 ± 0.65	9.995	0.000
	70~79 岁（n=229）	1.94 ± 0.70		
	80 岁及以上（n=137）	1.94 ± 0.65		
文化程度	小学及以下（n=369）	1.75 ± 0.68	20.076	0.000
	初中（n=132）	1.99 ± 0.59		
	高中/中专及以上（n=39）	2.38 ± 0.67		
个人月收入	小于 2 000 元（n=363）	1.75 ± 0.71	17.433	0.000
	2 000~3 999 元（n=141）	1.97 ± 0.52		
	4 000 元及以上（n=36）	2.37 ± 0.68		
自评健康状况	很好（n=25）	1.31 ± 0.46	11.389	0.000
	较好（n=135）	1.82 ± 0.64		
	一般（n=218）	1.79 ± 0.67		
	较差（n=139）	2.12 ± 0.68		
	很差（n=23）	1.61 ± 0.67		

多因素分析结果显示，常去医疗机构类型、文化程度和自评健康状况显著影响健康档案与康复护理服务得分（$P<0.05$）。其中常去医疗机构为三级医院、文化程度较高、自评健康状况较差的老年人健康档案与康复护理服务维度获得感强，如表 6-23 所示。

表 6-23　健康档案与康复护理评分的单因素分析

	B	S.E.	StdB	t	P
（常量）	1.066	0.247		4.323	0.000
养老方式	0.085	0.111	0.033	0.768	0.443
婚姻状况	−0.069	0.062	−0.050	−1.113	0.266
常住地类型	−0.017	0.066	−0.012	−0.260	0.795
常去医疗机构类型	0.137	0.043	0.154	3.218	0.001
年龄	0.065	0.041	0.072	1.604	0.109
文化程度	0.192	0.062	0.174	3.098	0.002
月收入	0.017	0.068	0.015	0.256	0.798
自评健康状况	0.068	0.032	0.092	2.136	0.033

6.4.4　中医药服务评分的影响因素分析

单因素分析结果显示，性别、常住地类型、有无慢性病、常去医疗机构类型、文化程度、个人月收入可能是影响中医药服务维度评分的因素（$P<0.05$），如表 6-24 所示。

表 6-24　中医药服务评分的单因素分析（$\bar{x} \pm s$）

		中医药服务	t/F	P
养老方式	家庭养老（n=499）	2.86 ± 0.74	1.244	0.214
	社区居家养老（n=41）	2.71 ± 0.59		
性别	男（n=282）	2.92 ± 0.72	2.421	0.016
	女（n=258）	2.77 ± 0.73		
婚姻状况	单身（n=208）	2.79 ± 0.70	−1.528	0.127
	已婚（n=332）	2.88 ± 0.75		
常住地类型	城市（n=323）	2.71 ± 0.65	−5.198	0.000
	农村（n=217）	3.05 ± 0.80		
有无养老保险	有（n=532）	2.85 ± 0.73	0.255	0.799
	无（n=8）	2.78 ± 0.69		
有无医疗保险	有（n=487）	2.84 ± 0.74	−0.172	0.863
	无（n=53）	2.86 ± 0.66		
有无慢性病	有（n=299）	2.96 ± 0.73	3.967	0.000
	无（n=241）	2.71 ± 0.72		
常去医疗机构类型	基层医院（n=343）	2.93 ± 0.76	6.795	0.001
	二级医院（n=106）	2.73 ± 0.62		
	三级医院（n=91）	2.66 ± 0.71		
年龄	60~69 岁（n=174）	2.89 ± 0.68	0.505	0.604
	70~79 岁（n=229）	2.84 ± 0.77		
	80 岁及以上（n=137）	2.80 ± 0.74		
文化程度	小学及以下（n=369）	2.93 ± 0.76	10.572	0.000
	初中（n=132）	2.74 ± 0.62		
	高中 / 中专及以上（n=39）	2.42 ± 0.56		
个人月收入	小于 2 000 元（n=363）	3.00 ± 0.75	24.876	0.000
	2 000~3 999 元（n=141）	2.55 ± 0.60		
	4 000 元及以上（n=36）	2.51 ± 0.58		
自评健康状况	很好（n=25）	3.04 ± 0.60	2.188	0.069
	较好（n=135）	2.78 ± 0.72		
	一般（n=218）	2.93 ± 0.76		
	较差（n=139）	2.77 ± 0.67		
	很差（n=23）	2.68 ± 0.90		

多因素分析结果显示，性别、常住地类型、有无慢性病和月收入显著影响中医药服务得分（$P<0.05$）。其中男性、农村、有慢性病、月收入 2 000~3 999 元的老年人中医药服务维度获得感强，如表 6-25 所示。

表 6-25　中医药服务评分的多因素分析

	B	S.E.	StdB	t	P
（常量）	3.736	0.218		17.116	0.000
性别	−0.179	0.059	−0.122	−3.002	0.003
常住地类型	0.166	0.069	0.112	2.404	0.017
有无慢性病	−0.281	0.060	−0.191	−4.696	0.000
常去医疗机构类型	−0.049	0.044	−0.051	−1.110	0.268
文化程度	−0.006	0.066	−0.005	−0.090	0.928
月收入	−0.265	0.070	−0.221	−3.764	0.000

6.4.5　医疗服务总体感知评分的影响因素分析

单因素分析结果显示，有无慢性病、个人月收入、自评健康状况可能是影响医疗服务总体感知评分的因素（$P<0.05$），如表 6-26 所示。

表 6-26　医疗服务总体感知评分的单因素分析（$\bar{x}\pm s$）

		医疗服务总体感知	t/F	P
养老方式	家庭养老（n=499）	3.55 ± 0.56	−1.259	0.209
	社区居家养老（n=41）	3.66 ± 0.48		
性别	男（n=282）	3.58 ± 0.56	0.971	0.332
	女（n=258）	3.53 ± 0.55		
婚姻状况	单身（n=208）	3.56 ± 0.53	0.24	0.81
	已婚（n=332）	3.55 ± 0.57		
常住地类型	城市（n=323）	3.58 ± 0.50	1.365	0.173
	农村（n=217）	3.51 ± 0.62		
有无养老保险	有（n=532）	3.56 ± 0.55	0.569	0.587
	无（n=8）	3.37 ± 0.91		
有无医疗保险	有（n=487）	3.56 ± 0.55	0.893	0.372
	无（n=53）	3.49 ± 0.60		
有无慢性病	有（n=299）	3.64 ± 0.52	4.249	0.000
	无（n=241）	3.44 ± 0.58		
常去医疗机构类型	基层医院（n=343）	3.56 ± 0.58	3.057	0.048
	二级医院（n=106）	3.46 ± 0.47		
	三级医院（n=91）	3.65 ± 0.55		

续表

		医疗服务总体感知	t/F	P
年龄	60~69 岁（n=174）	3.56 ± 0.55	0.094	0.911
	70~79 岁（n=229）	3.54 ± 0.59		
	80 岁及以上（n=137）	3.57 ± 0.50		
文化程度	小学及以下（n=369）	3.56 ± 0.57	2.082	0.126
	初中（n=132）	3.49 ± 0.55		
	高中/中专及以上（n=39）	3.69 ± 0.39		
个人月收入	小于 2 000 元（n=363）	3.56 ± 0.55	3.867	0.022
	2000~3 999 元（n=141）	3.48 ± 0.59		
	4 000 元及以上（n=36）	3.76 ± 0.39		
自评健康状况	很好（n=25）	3.75 ± 0.58	4.53	0.001
	较好（n=135）	3.44 ± 0.59		
	一般（n=218）	3.65 ± 0.57		
	较差（n=139）	3.51 ± 0.43		
	很差（n=23）	3.39 ± 0.64		

多因素分析结果显示，有无慢性病、自评健康状况显著影响医疗服务总体感知得分（$P<0.05$）。其中有慢性病、自评健康状况较好的老年人医疗服务总体感知维度获得感强，如表 6-27 所示。

表 6-27　医疗服务总体感知评分的多因素分析

	B	S.E.	StdB	t	P
（常量）	4.303	0.159		27.085	0.000
有无慢性病	−0.309	0.056	−0.277	−5.556	0.000
月收入	0.018	0.038	0.020	0.469	0.639
自评健康状况	−0.109	0.030	−0.182	−3.635	0.000

6.4.6　健康咨询服务评分的影响因素分析

单因素分析结果显示，常住地类型、自评健康状况可能是影响健康咨询服务评分的因素（$P<0.05$），如表 6-28 所示。

表 6-28　健康咨询服务评分的单因素分析（$\bar{x}±s$）

		健康咨询服务	t/F	P
养老方式	家庭养老（n=499）	3.15 ± 0.67	−1.583	0.114
	社区居家养老（n=41）	3.33 ± 0.61		
性别	男（n=282）	3.15 ± 0.68	−0.479	0.632

续表

		健康咨询服务	t/F	P
性别	女（n=258）	3.18 ± 0.66	−0.479	0.632
婚姻状况	单身（n=208）	3.10 ± 0.62	−1.774	0.077
	已婚（n=332）	3.20 ± 0.70		
常住地类型	城市（n=323）	3.09 ± 0.64	−2.999	0.003
	农村（n=217）	3.27 ± 0.70		
有无养老保险	有（n=532）	3.16 ± 0.67	−0.096	0.923
	无（n=8）	3.19 ± 0.35		
有无医疗保险	有（n=487）	3.18 ± 0.68	1.461	0.148
	无（n=53）	3.06 ± 0.55		
有无慢性病	有（n=299）	3.20 ± 0.67	1.288	0.198
	无（n=241）	3.12 ± 0.67		
常去医疗机构类型	基层医院（n=343）	3.20 ± 0.69	1.501	0.224
	二级医院（n=106）	3.08 ± 0.59		
	三级医院（n=91）	3.12 ± 0.69		
年龄	60~69 岁（n=174）	3.20 ± 0.66	2.58	0.077
	70~79 岁（n=229）	3.21 ± 0.68		
	80 岁及以上（n=137）	3.05 ± 0.66		
文化程度	小学及以下（n=369）	3.15 ± 0.67	0.327	0.721
	初中（n=132）	3.20 ± 0.66		
	高中/中专及以上（n=39）	3.17 ± 0.71		
个人月收入	小于 2 000 元（n=363）	3.17 ± 0.69	0.721	0.487
	2 000~3 999 元（n=141）	3.12 ± 0.61		
	4 000 元及以上（n=36）	3.27 ± 0.71		
自评健康状况	很好（n=25）	3.56 ± 0.53	3.464	0.008
	较好（n=135）	3.09 ± 0.65		
	一般（n=218）	3.19 ± 0.70		
	较差（n=139）	3.16 ± 0.66		
	很差（n=23）	2.92 ± 0.54		

多因素分析结果显示，常住地类型显著影响健康咨询服务得分（$P<0.05$）。其中城市老年人健康咨询服务维度获得感强，如表 6-29 所示。

表 6-29　健康咨询服务评分的多因素分析

	B	S.E.	StdB	t	P
（常量）	3.055	0.128		23.844	0.000
常住地类型	0.173	0.058	0.127	2.966	0.003
自评健康状况	−0.044	0.031	−0.062	−1.443	0.150

6.4.7　预防保健服务评分的影响因素分析

单因素分析结果显示，有无医疗保险、文化程度、个人月收入、自评健康状况可能是影响预防保健服务评分的因素（$P<0.05$），如表 6-30 所示。

表 6-30　预防保健服务评分的单因素分析（$\bar{x} \pm s$）

		预防保健服务	t/F	P
养老方式	家庭养老（n=499）	2.83 ± 0.73	0.112	0.911
	社区居家养老（n=41）	2.82 ± 0.74		
性别	男（n=282）	2.78 ± 0.76	−1.692	0.091
	女（n=258）	2.89 ± 0.69		
婚姻状况	单身（n=208）	2.80 ± 0.70	−0.339	0.402
	已婚（n=332）	2.85 ± 0.74		
常住地类型	城市（n=323）	2.84 ± 0.70	0.318	0.751
	农村（n=217）	2.82 ± 0.76		
有无养老保险	有（n=532）	2.83 ± 0.73	0.078	0.938
	无（n=8）	2.81 ± 0.85		
有无医疗保险	有（n=487）	2.85 ± 0.72	2.071	0.039
	无（n=53）	2.64 ± 0.76		
有无慢性病	有（n=299）	2.83 ± 0.72	−0.106	0.916
	无（n=241）	2.84 ± 0.73		
常去医疗机构类型	基层医院（n=343）	2.80 ± 0.79	1.050	0.351
	二级医院（n=106）	2.89 ± 0.65		
	三级医院（n=91）	2.90 ± 0.55		
年龄	60~69 岁（n=174）	2.71 ± 0.77	4.141	0.016
	70~79 岁（n=229）	2.92 ± 0.75		
	80 岁及以上（n=137）	2.84 ± 0.60		
文化程度	小学及以下（n=369）	2.76 ± 0.74	7.797	0.000
	初中（n=132）	2.95 ± 0.67		
	高中/中专及以上（n=39）	3.15 ± 0.61		
个人月收入	小于 2 000 元（n=363）	2.76 ± 0.78	5.399	0.005
	2 000-3 999 元（n=141）	2.95 ± 0.57		
	4 000 元及以上（n=36）	3.08 ± 0.63		
自评健康状况	很好（n=25）	3.11 ± 0.80	2.485	0.043
	较好（n=135）	2.80 ± 0.70		
	一般（n=218）	2.77 ± 0.79		
	较差（n=139）	2.94 ± 0.63		
	很差（n=23）	2.63 ± 0.69		

多因素分析结果显示,文化程度显著影响预防保健服务得分($P<0.05$)。其中文化程度高的老年人预防保健服务维度获得感强,如表 6-31 所示。

表 6-31　预防保健服务评分的多因素分析

	B	S.E.	StdB	t	P
(常量)	2.520	0.292		8.615	0.000
有无医疗保险	0.061	0.257	0.010	0.239	0.812
文化程度	0.159	0.068	0.135	2.328	0.020
月收入	0.060	0.069	0.051	0.871	0.384
自评健康状况	−0.018	0.033	−0.023	−0.538	0.591

6.4.8　疾病诊疗服务评分的影响因素分析

单因素分析结果显示,有无医疗保险、文化程度、个人月收入、自评健康状况可能是影响疾病诊疗服务评分的因素($P<0.05$),如表 6-32 所示。

表 6-32　疾病诊疗服务评分的单因素分析($\bar{x}\pm s$)

		疾病诊疗服务	t/F	P
养老方式	家庭养老(n=499)	3.43 ± 0.64	−2.891	0.005
	社区居家养老(n=41)	3.63 ± 0.41		
性别	男(n=282)	3.48 ± 0.63	1.392	0.165
	女(n=258)	3.40 ± 0.62		
婚姻状况	单身(n=208)	3.44 ± 0.58	−0.199	0.842
	已婚(n=332)	3.45 ± 0.65		
常住地类型	城市(n=323)	3.52 ± 0.54	3.571	0.000
	农村(n=217)	3.32 ± 0.71		
有无养老保险	有(n=532)	3.44 ± 0.63	0.025	0.980
	无(n=8)	3.44 ± 0.51		
有无医疗保险	有(n=487)	3.43 ± 0.63	−0.933	0.035
	无(n=53)	3.52 ± 0.59		
有无慢性病	有(n=299)	3.48 ± 0.58	1.511	0.131
	无(n=241)	3.40 ± 0.67		
常去医疗机构类型	基层医院(n=343)	3.41 ± 0.68	2.954	0.053
	二级医院(n=106)	3.44 ± 0.45		
	三级医院(n=91)	3.59 ± 0.54		
年龄	60~69 岁(n=174)	3.49 ± 0.61	1.220	0.296
	70~79 岁(n=229)	3.45 ± 0.63		
	80 岁及以上(n=137)	3.38 ± 0.63		

续表

		疾病诊疗服务	t/F	P
文化程度	小学及以下（n=369）	3.38 ± 0.65	6.028	0.003
	初中（n=132）	3.55 ± 0.56		
	高中/中专及以上（n=39）	3.65 ± 0.48		
个人月收入	小于 2 000 元（n=363）	3.43 ± 0.65	2.498	0.038
	2 000~3 999 元（n=141）	3.43 ± 0.57		
	4 000 元及以上（n=36）	3.67 ± 0.46		
自评健康状况	很好（n=25）	3.82 ± 0.59	3.098	0.015
	较好（n=135）	3.40 ± 0.66		
	一般（n=218）	3.41 ± 0.69		
	较差（n=139）	3.49 ± 0.45		
	很差（n=23）	3.32 ± 0.51		

多因素分析结果显示，文化程度显著影响疾病诊疗服务得分（$P<0.05$）。其中文化程度高的老年人疾病诊疗服务维度获得感强，如表 6-33 所示。

表 6-33　疾病诊疗服务评分多因素分析

	B	S.E.	StdB	t	P
（常量）	3.288	0.252		13.074	0.000
有无医疗保险	0.057	0.221	0.011	0.257	0.797
文化程度	0.185	0.059	0.184	3.161	0.002
月收入	−0.053	0.060	−0.052	−0.887	0.376
自评健康状况	−0.029	0.029	−0.043	−1.006	0.315

6.4.9　就医过程时间耗费评分的影响因素分析

单因素分析结果显示，婚姻状况、常住地类型、常去医疗机构类型、年龄、文化程度、个人月收入、自评健康状况可能是影响就医过程时间耗费评分的因素（$P<0.05$），如表 6-34 所示。

表 6-34　就医过程时间耗费评分的单因素分析（$\bar{x} \pm s$）

		就医过程时间耗费	t/F	P
养老方式	家庭养老（n=499）	3.71 ± 0.83	0.582	0.496
	社区居家养老（n=41）	3.61 ± 0.92		
性别	男（n=282）	3.74 ± 0.84	1.241	0.215
	女（n=258）	3.66 ± 0.84		

续表

		就医过程时间耗费	t/F	P
婚姻状况	单身（n=208）	3.61 ± 0.82	−2.113	0.035
	已婚（n=332）	3.76 ± 0.85		
常住地类型	城市（n=323）	3.55 ± 0.76	−5.386	0.000
	农村（n=217）	3.93 ± 0.90		
有无养老保险	有（n=532）	3.70 ± 0.84	−1.225	0.221
	无（n=8）	4.06 ± 0.68		
有无医疗保险	有（n=487）	3.72 ± 0.84	1.501	0.134
	无（n=53）	3.54 ± 0.83		
有无慢性病	有（n=299）	3.67 ± 0.86	−1.068	0.286
	无（n=241）	3.74 ± 0.82		
常去医疗机构类型	基层医院（n=343）	3.92 ± 0.79	40.856	0.000
	二级医院（n=106）	3.48 ± 0.80		
	三级医院（n=91）	3.14 ± 0.72		
年龄	60~69 岁（n=174）	3.90 ± 0.79	11.941	0.000
	70~79 岁（n=229）	3.71 ± 0.82		
	80 岁及以上（n=137）	3.44 ± 0.86		
文化程度	小学及以下（n=369）	3.78 ± 0.84	6.947	0.001
	初中（n=132）	3.60 ± 0.83		
	高中 / 中专及以上（n=39）	3.31 ± 0.71		
个人月收入	小于 2 000 元（n=363）	3.82 ± 0.85	12.662	0.000
	2 000~3 999 元（n=141）	3.51 ± 0.78		
	4 000 元及以上（n=36）	3.26 ± 0.73		
自评健康状况	很好（n=25）	4.22 ± 0.74	9.249	0.000
	较好（n=135）	3.68 ± 0.81		
	一般（n=218）	3.85 ± 0.83		
	较差（n=139）	3.40 ± 0.77		
	很差（n=23）	3.65 ± 1.04		

多因素分析结果显示，常住地类型、常去医疗机构类型、年龄显著影响就医过程耗费时间得分（P<0.05）。其中农村、常去基层医院、年龄较小的老年人就医过程耗费时间维度获得感强，如表 6-35 所示。

表 6-35　就医过程时间耗费评分的多因素分析

	B	S.E.	StdB	t	P
（常量）	4.392	0.254		17.298	0.000

续表

	B	*S.E.*	*StdB*	*t*	*P*
婚姻状况	−0.011	0.074	−0.006	−0.142	0.887
常住地类型	0.172	0.080	0.101	2.163	0.031
常去医疗机构类型	−0.307	0.051	−0.280	−5.957	0.000
年龄	−0.134	0.049	−0.121	−2.749	0.006
文化程度	−0.007	0.074	−0.005	−0.097	0.922
月收入	−0.015	0.081	−0.011	−0.179	0.858
自评健康状况	−0.052	0.038	−0.057	−1.354	0.176

6.5　提升老年人健康服务获得感的建议

6.5.1　推进医疗和养老服务有效融合

老年人的慢性病患率高，失能率高，为满足复杂的健康服务需求，必须加快推进老年健康服务。首先，鼓励相关机构积极开展合作。制定医养签约服务规范，鼓励养老机构与各级医疗卫生机构开展多种形式的签约合作。比如在人力资源培养上，积极采取"外引内培"的方式，将医技或养老服务人员送到相关单位进修学习，同时在机构内部积极探索培训机制，在实践中促进培训体系以及培训人员的不断发展。其次，完善老年健康服务相关配套支持政策。在医疗保险方面，逐步将多种养老服务纳入基本医疗保险覆盖范围，并以政府购买的方式，鼓励社会商业保险积极推出老年健康服务的服务险种，让老年居民在购买此类险种时能享受价格优惠；在薪资待遇方面，完善相关激励制度，提升康复训练师、营养师等养老护理人员的薪资待遇。最后，构建老年健康服务统一信息共享系统。打破医疗服务与养老服务之间的体系技术障碍，构建统一的老年健康服务信息共享系统，将老年人接受的医疗服务与社会照护的转诊时间、住院日、病况等相关信息录入其中，方便相关机构或医生能更加全面地评估老年人的身体健康状况。

6.5.2　增加老年绿色通道制度覆盖程度

针对病情急迫、危重的老年患者，老年绿色通道的建立显得尤为重要。首先，重庆市应出台相关政策文件以规范老年绿色通道的建立。通过出台老年绿色通道建设的政策文件，在绿色通道设置、人员配置、设施设备、药品消耗配置等方面做出具体要求。医疗机构应在寻医台设立"老年人就诊服务处"和老年人优先就医窗口，为就诊老年人提供接待咨询、预约就诊、就医指南、转诊服务等。鼓励有条件的医疗诊所开设专门的老年门诊，为就诊老年人提供综合治疗。医疗机构还应与基层医疗卫生机构、养老机构建立双向转诊、协作合作机制，实现对老年人的日常健康管理和预约就诊、急诊救护等信息的快速对接，保障老年人就诊的一站式服务。医疗机构应配置协助老年人就诊所需的轮椅、担架等设备和明显的老年人就医引导标识及安全标志。其次，推进老年绿色通道建设是一项系统工程，是全体医务工作者的共同责任，必须充分动员医院内部人员广泛参与。进一步加强老年绿色通道建设舆论宣传引导，提高各相关医疗机构对老年绿色通道建设重要意义的认识。切实让老年人能方便快速地得到治疗。最后，落实责任，建立长效机制。将相关责任明确到各医院科室和人员，制定有效措施，严格落实老年人就医绿色通道服务项目，并做好绿色通道服务项目和服务人次的统计上报，建立健全开展老年人就医绿色通道服务工作的长效机制。

6.5.3　推进老年健康数据的共享和应用

近年来，健康大数据在医疗卫生领域发挥的分析、预测等巨大作用，使健康档案的建立和完善显得尤为重要。一是要提升相关医疗机构与服务人员对健康档案重要性的认识。对基层医疗卫生机构来说，辖区内居民健康档案的建立和完善，有利于帮助其开展符合居民需求的医疗卫生服务，避免浪费医疗卫生资源。因此，为有效节约医疗卫生资源、提升对健康档案的重视程度，可以加快推进医联体或医共体的建设，形成整合型医疗卫生服务体系，并将医保基金和财政投入打包预付给医疗集团，迫使其观念由"治已病"向"防未病"转变，为有效节约成本而将资金和技术下沉到基层机构（家庭医生），积极建立并完善老年人健康档案。二是要在老年群体中加强宣传。绝大多数老年人对其个人健康档案不了解，相关医疗机构应通过多种形式的宣传，让老年人充分认识到健康档案的内涵和作用，帮助其更好地进行个人健康管理。三是建立完善的奖惩机制。为提高家庭医生团队对健康档案建立和完善的重视程度，可以通过建立完善的奖惩机制来实现，按人头定期对健康档案的建立和完善的数量进行考核，并通过对老年人做相关调查，了解健康档案的服务情况。匹是加强电子病历的建立和完善。加快老年人群电子健康档案的建立和普及，逐步完善从区域到县域，再到市级层面的电子健康档案平台，真正做到个人健康档案信息可以在市内所有医院共享。

6.5.4　提高老年康复护理服务质量

提高康复护理质量能有效保障老年人康复期健康，减少老年患者再入院的可能性，进而节约更多的医疗卫生资源。首先，进一步规范康复护理服务技术标准。绝大多数受访老年人表示在出院后都难以得到有效的一般基础性康复服务，更不要说针对各自病情的专业性康复护理服务了。因此，根据病种制定不同的康复护理服务技术标准，为不同情况的老年人提供最符合其需求的康复护理服务，有利于康复护理服务向更深层次的水平发展。其次，建立回访制度。加强各级医疗卫生机构康复护理中心建设，针对出院患者设立客服回访中心，借助信息化手段，通过电话、短信、微信等信息化工具，使出院患者和医院之间建立良性互动，以及时掌握出院患者身体情况，这也是提供医疗卫生服务的一种延伸方式。有效的回访可以将有康复护理服务需求的出院患者请回医院或提供上门服务。最后，为社区提供场地和设备，加强康复人力资源培养。大多数需要康复护理服务的老年人行动受限，加强社区康复护理服务能力建设尤为重要。一方面，为社区内部的家庭医生团队配备基础的、必要的康复护理设备，让有需求的老年人可以方便地享受到康复护理服务；另一方面，由于临床医生大多工作负担较重，没有额外的时间和精力来为患者提供康复护理服务，因此需要加大对现有康复护理专业技术人力资源的培养力度，健全人力资源激励机制。鼓励高校大力培养康复护理型人才，并通过构建区域医共体，以经费补贴、物质奖励、政策优待等多种激励方式，让社区内康复护理人员前往高等级医疗机构进修学习，或从高等级医疗机构派遣康复护理技术人员前往社区指导工作。

6.5.5　发挥中医药养生的独特优势

老年健康服务的养老服务理念，强调以"医"为手段，以"养"为目的，而中医药服务利用中医养生理念，对满足老年人养生需求有着独特优势。而现实却是老年人对中医药服务的获得感不强。首先，要加强中医药服务在老年群体中的宣传。中医药由于治疗周期不确定，同时西医药在日常生活中占据了更多市场，老年人对中医药服务不太了解或信任程度不高，因此需要逐步提升中医药服务的地位，并加强在老年群体中的宣传。医疗机构可以通过定期开展中医药老年养生保健知识讲座，宣传部门和新闻媒体要积极造势，精心策划，通过专题报道、文艺作品等多种形式，有计划、有重点地开展中医药宣传工作。其次，要加快中医药技术的适老化改造。虽然中医在诊断和治疗中注重整体观念与辨证论治，擅长从体质入手进行慢性病的防治管理，独特的望闻问切诊疗方法具有省时易行、安全无害、简便廉验的特点，然而中医药技术的适老化改造不足，无法很好地融入老年健康服务。因此，积极鼓励中医药服务的适老化改造，如推出用于治疗高血压、糖尿病等慢性病的适合老年人体质的药方，并广泛推广，探索更多中医药服务模式融入老年健康服务中，对于提高老年人的中医药服务获得感来说极为重要。

6.5.6 提高老年预防保健服务质量

虽然近年来"轻预防，重治疗"的传统观念正在逐渐转型，但老年健康服务的预防保健服务质量还有待提升。一是要提高总量供给，丰富服务形式。服务供给总量的提高，必须依赖于充足的资金投入，西方发达国家相关的服务费用主要来源于财政税收，而日韩等国家政府、保险机构和个人拥有不同的筹资比例，以政府和保险机构为主要服务费用来源。因此，一方面，基于国内对长期照护保险制度的迫切需求，政府可以将原有财政补贴和部分社会保障救助金相结合，形成长期照护保险的准备金；另一方面，保险机构可以将部分预防保健服务纳入医疗保险报销体系当中，同时开展不同形式的商业保险险种，为老年人的预防保健服务补充资金来源。此外，为丰富预防保健服务形式，除了每年要定期开展老年人免费体检服务外，基层医疗卫生机构还要定期派遣相关的医务人员前往社区开展健康宣教，指导老年人在饮食、运动等方面形成良好习惯；在医疗卫生机构准备好充足的健康知识相关宣传手册，以派发给前往医疗卫生机构就诊的老年人，通过开展多种形式的预防保健服务，提升老年居民健康素养，促进健康。二是要提升宣传力度，增加宣传方式。近年来，国家对基本公共卫生服务的重视程度日益提高，人均补助标准也在逐步上升。但免费健康体检服务开展效果并不好，老年人对其了解程度不够。鉴于老年人普遍接受新鲜事物的能力不强，对智能手机等新媒体的运用程度不高，因此，可以通过广播、报纸、讲座、公众号推送等多种宣传手段相结合的方式，积极向老年人宣传免费健康体检服务，鼓励老年人参与，提升免费健康体检服务利用水平。

6.5.7 加强健康保障力度促进服务利用

根据以上研究，个人月收入较高的老年人，其老年健康服务获得感更强。月收入高的老年人，容易获得水平层次更高、内容更为全面的医疗相关服务，服务利用比较充分，能更好地确保身体健康状况，因此，需要通过减轻老年人经济负担，促进其对医疗相关服务的利用，以增强获得感。首先，完善基本医疗保险制度。进一步扩大基本医疗保险的覆盖范围，逐步将康复护理服务、中医药服务等更多的老年健康服务相关服务纳入其中。此外，为进一步促进老年居民对相关服务的利用，可以适当对部分服务的报销比例进行单独设置，如将各级医疗卫生机构的中医药服务报销比例提高。其次，完善鼓励政策，引导老年健康服务商业保险市场发展。一是通过宣传，鼓励老年居民购买老年健康服务商业保险，让老年健康服务商业保险需求显性化，并做好与基本医疗保险的有机衔接。二是放宽老年健康服务商业保险的市场准入，做到"宽进严出"，同时做好老年健康服务商业保险产品的质量质控工作。三是鼓励商业保险机构增设健康保险险种，加大产品创新力度，根据市场需求设计差异化健康保险产品，满足老年人多元化健康保障需求。最后，动员社会力量加入到老年健康服务的服务供给中。不仅需要政府自身加大财政投入力度，还要通过制订相关政策或采取一定措施，鼓励社会福利、社会救助组织等社会力量共同参与老年健康服务的服务供给。

第7章 老年健康服务业供给优先序研究

人类需求的无限性与资源供给的有限性之间的矛盾正日益突出和尖锐，有限的健康服务资源必须优先配置于老年健康需求最迫切的关键领域，实现效益最大化的同时尽量满足老年人多样化的健康服务需求。在此背景下，需要根据区域实际情况科学地确定老年健康服务产业供给的优先顺序，通过供给侧结构优化，增加有效供给，使健康服务资源得到最有效的分配和最大化的利用，从而提高供给对老年居民健康服务需求的适配性，进而推动老年健康服务业高质量发展。本章以重庆市为例，从政府、市场、第三部门视角，分析老年健康服务产业供给的意愿及优先序，分析老年健康服务业供给能力。

7.1 基于政府供给视角的老年健康服务业供给优先序

通过对16名政府老年健康服务行业管理者进行访谈，采用优先序图法，请他们对文献研究和专家咨询归纳出的10个健康服务产业供给优先标准，对标准进行两两比较，确定各项标准的权重，"1"表示比较者比被比较者重要；"0"的意义则相反；"0.5"表示两者同等重要；对指标排序，分别计算评价对象的总优序数，并按总优序数大小评定其优劣顺序，通过矩阵图示来比较各个获选因素，根据各因素对目标的重要程度来进行排序，为政府老年健康服务业供给决策提供依据。同时，通过问卷调查得出老年健康服务发展优先序的两个决策标准的权重：居民需求权重为0.467，政府经验权重为0.533，通过加权得分得出基于政府供给视角的老年健康服务供给优先序。基于政府行业管理者视角产业优先供给顺序分别为健康保障服务、体育健身服务、专业公共卫生服务、健康研发和技术服务、政府与社会组织服务、社会健康服务、基层医疗卫生服务、健康咨询服务、医院服务、健康教育服务、健康出版服务，如表7-1所示。

表 7-1　基于政府视角的老年健康服务供给优先序

序号	老年健康服务	老年居民需求	政府经验	加权得分	优先序
1	医院服务	6.94	6.69	6.806 75	9
2	基层医疗卫生服务	7.00	6.92	6.957 36	7
3	专业公共卫生服务	7.13	7.27	7.204 62	3
4	政府与社会组织服务	5.94	8	7.037 98	5
5	健康科学研究和技术服务	5.79	8.4	7.181 13	4
6	健康教育服务	5.93	7.25	6.633 56	10
7	健康出版服务	5.88	5.7	5.784 06	11
8	社会健康服务	6.19	7.72	7.005 49	6
9	体育健身服务	6.79	8.31	7.600 16	2
10	健康咨询服务	6.27	7.42	6.882 95	8
11	健康保险服务	6.39			
12	健康保障服务	8.30	9.13	8.742 39	1
13	健康相关批发	5.49		6.806 75	
14	健康相关零售	6.10		6.957 36	
15	健康设备和用品租赁服务	6.54		7.204 62	

　　根据优先序，未来可以从以下几个业态进行培育：①培育与基本医疗保险相衔接的商业健康保险服务业态。具体包括增设健康保险险种，结合医养结合机构与养老社区，开发培育长期护理险、医养险，发展失能险，发展企业基本医疗保险的经办业务以及税优健康保险等险种。同时，以支付能力较强，对保险认知程度更高的中年人为重点人群，重点发展高端医疗险、意外险等险种。在确保健康信息安全的情况下，可采取有偿地分段开放卫生、药房等信息平台，构建公共健康信息平台，助力健康保险的发展。鼓励以政府购买方式，委托商业保险机构开展医疗保障经办、承办服务。②培育消费性体育健身服务业态。在渝中半岛国际化发展背景下，培育体育健身服务产业可以作为城区推广营销的载体和促进城区经济发展的助推器，不仅能提升区域的综合实力，促进经济增长，而且还能够树立城区的品牌形象，带动城区基础设施建设不断完善，引导产业结构不断调整和升级。由于重庆市公共体育健身服务的发展受到产业用地的限制，重庆市体育健身服务产业可以培育国际国内精品体育赛事、健身咨询与指导服务、健康运动体验中心（体育主题公园）业态。同时，重庆市产业用地有限，但是消费商圈发展基础较好，利用经济商圈，参与体育场馆的建设

和运营管理，开展多样化的运动健身培训、健身指导咨询等服务，丰富体育健身服务的供给层次，满足居民消费性体育健身服务需求。引导企业增加科技创新投入，研发科技含量高、具有自主知识产权的中高端运动器材装备，重点发展可穿戴运动装备和智能运动设备的制造。③培育特色医疗服务业态。目前国家卫生健康委已把医学影像诊断中心、病理诊断中心、血液透析中心、医学检验实验室、安宁疗护中心五类独立设置机构纳入医疗机构类别，鼓励医疗卫生服务领域资源整合。立足渝中区特点，建设特色专科医疗机构（医疗美容、康复护理、妇婴护理、老年慢病管理中心、口腔、眼科、生殖健康、临终关怀医院等），形成全国知名的特色医疗品牌；发展共享第三方医疗服务机构，承接区内门诊、小型医院、专科医院的医学检验、药学研究、临床试验等非核心业务外包服务。另外独立设置的康复医疗中心、护理中心、消毒供应中心、中小型眼科医院、健康体检中心的相关标准即将出台，这些市场都大有可为。建立第三方机构与医疗机构的检验检测结果互认和信息共享机制，培育社会资本投资设立医学检验中心、影像中心和医学独立实验室，培育医药科技中介服务平台，借助区内高等医药院校和医学科研机构大力发展专业化、市场化的医药科技成果转化服务。依托社区配置自助化的检验、检测项目仪器，提供共享医学检验自助服务，提高疾病筛查效率，前期发现并治疗，减少医疗费用的增长。

7.2　基于市场供给视角的老年健康服务业供给优先序

通过对 14 名老年健康服务市场供给者的访谈与问卷调查，针对老年健康服务市场，得出市场供给视角老年健康服务供给优先序的两个决策标准权重：居民需求权重为 0.481 7，政府经验权重为 0.518 3，通过加权得分得出基于市场视角的老年健康服务供给优先序。老年健康服务市场提供者应该最优先供给基层医疗卫生服务、社会健康服务、医院服务；其次供给健康保险服务、体育健身服务、健康科学研究和技术服务、健康咨询服务、健康教育服务、健康设备和用品租赁服务；健康出版服务、健康相关零售、健康相关批发可暂缓供给，如表7-2所示。

表 7-2　基于市场视角的老年健康服务供给优先序

序号	老年健康服务	老年居民需求	企业意愿	加权得分	优先序
1	医院服务	6.94	6.57	6.75	3
2	基层医疗卫生服务	7.00	7.71	7.37	1
3	专业公共卫生服务	7.13			
4	政府与社会组织健康服务	5.94			
5	健康科学研究和技术服务	5.79	7.14	6.49	6
6	健康教育服务	5.93	6.57	6.26	8
7	健康出版服务	5.88	4.91	5.33	10
8	社会健康服务	6.19	7.93	7.09	2
9	体育健身服务	6.79	6.57	6.68	5
10	健康咨询服务	6.27	6.67	6.48	7
11	健康保险服务	6.39	7.00	6.71	4
12	健康保障服务	8.30			
13	健康相关批发	5.49	4.73	5.10	12
14	健康相关零售	6.10	4.34	5.19	11
15	健康设备和用品租赁服务	6.54	4.93	5.71	9

根据优先序，可以从以下几个业态进行培育：①加强区域医疗联合体建设，提升基层医疗卫生服务供给能力。重庆市的优质医院服务资源丰富，可通过加强区域医疗联合体建设，对医疗卫生服务体系进行资源的整合和协同，使基层医疗卫生服务机构的服务能力得到提升。建设区域医疗联合体是进一步深化公立医院改革的一项重要举措，通过不同层级医疗卫生机构的联合，可以实现资源的共享，促使优质医疗资源通过区域医疗联合体纵向下沉，从而达到优质医疗资源的最大化利用。可充分地利用第三方医疗服务机构，拓展服务内容，开展检验检查项目，实现区域资源共享，提升服务质量。持续推进家庭医生签约服务，为群众提供连续协调、方便高效的基本医疗卫生服务，尤其是针对健康状况不佳的老年人对医养结合服务需求较高的特点，为居家养老的老年人提供上门医疗服务。推动互联网技术与健康服务领域的融合发展，利用互联网、移动终端和云技术等，推广远程医疗、互联网医疗平台，为居民提供便捷、优质的服务。②培育全生命周期社区健康管理服务业态。重庆市的老龄化程度严重，发展"产业化"社区养老服务，尤其是失能、失智老年人等特殊人群的照护服务业。对重庆市社区养老服务站进行公办民营（托管），进行专业化运营，让社区养

老服务站走向市场化发展。可以结合重庆市写字楼进行探索发展，在写字楼里增设健康咨询、心理咨询等健康咨询服务产业，发挥健康服务在经济发展产业中的配套功能。③培育特色医院服务业态。培育医养结合机构、老年病医院、临终关怀医院、康复医院等具有特色的专科医疗机构；借助自贸区发展机会和条件，外资医院的审批机制变为备案制，为国际医院进入重庆创造良好的条件。培育国际医院，满足国家大都市的健康服务需求。培育共享医院，实行基础医疗设备和服务共享与医疗技术资源共享。一批优质医疗团队、诊所会产生一定的聚集效应，提高对消费者的吸引力。

7.3　基于第三部门视角的老年健康服务产业供给优先序

通过对 21 个非营利组织老年健康服务供给者的访谈与问卷调查，针对老年健康服务市场，得出基于第三部门视角老年健康服务供给优先序的两个决策标准权重：老年居民需求权重为 0.481 7，政府经验权重为 0.518 3，通过加权得分决策出基于第三部门视角的老年健康服务供给优先序。老年健康服务第三部门提供者应该最优先供给基层医疗卫生服务、社会健康服务、医院服务；其次供给健康保险服务、体育健身服务、健康科学研究和技术服务、健康咨询服务、健康教育服务、健康设备和用品租赁服务；健康出版服务、健康相关零售、健康相关批发可暂缓供给，如表 7-3 所示。

表 7-3　基于市场视角的老年健康服务供给优先序

序号	老年健康服务	居民需求	非营利组织意愿	加权得分	优先序
1	医院服务	6.94	6.57	6.75	3
2	基层医疗卫生服务	7.00	7.71	7.37	1
3	专业公共卫生服务	7.13			
4	政府与社会组织老年健康服务	5.94			
5	健康科学研究和技术服务	5.79	7.14	6.49	6
6	健康教育服务	5.93	6.57	6.26	8
7	健康出版服务	5.88	4.91	5.38	10
8	社会健康服务	6.19	7.93	7.09	2
9	体育健身服务	6.79	6.57	6.68	5
10	健康咨询服务	6.27	6.67	6.48	7

序号	老年健康服务	居民需求	非营利组织意愿	加权得分	优先序
11	健康保险服务	6.39	7.00	6.71	4
12	健康保障服务	8.30			
13	健康相关批发	5.49	4.73	5.10	12
14	健康相关零售	6.10	4.34	5.19	11
15	健康设备和用品租赁服务	6.54	4.93	5.71	9

7.4　基于需方视角的老年健康服务产业供给优先序

为满足老年居民对健康服务需求，基于需方视角构建需求度与满意度二维耦合模型对供给优先顺序进行研究。参考国家统计局《健康服务业分类（试行）》办法，以产业服务对象为分类标准，将直接服务居民的产业纳入生活性服务业类别，包括医院服务产业、基层医疗卫生服务产业、专业公共卫生服务产业、健康教育服务产业、社会健康服务产业、体育健身服务产业、健康咨询服务产业、健康保险服务产业、健康保障服务产业、健康相关产品零售服务产业和健康设备与用品租赁服务产业共 11 项健康服务产业亚类。选取这 11 项与居民直接相关的生活服务亚类进行讨论，且各项亚类间不重复与交叉。建立 Excel 数据库，通过 SPSS20.0 软件进行统计分析，对居民健康服务产业的满意度和需求度进行描述性分析，通过卡方检验分析 11 项健康服务产业间满意度和需求度的差异性，应用 Pearson 和 Spearman 相关分析方法对需求度与满意度得分的数值和排序进行分析，绘制散点图建立需求度与满意度二维耦合模型，以 $P < 0.05$ 为差异有统计学意义。

根据国家统计局制定的《健康服务业分类（试行）》办法，围绕研究的目的和内容，完成调查问卷的设计。调查问卷包括个人基本信息（人口社会学特征、经济状况、健康状况），对老年健康服务产品的需求度评分，采用 10 级评分量表，1~10 分代表需求的程度，分值越高代表需求程度越高，依据 Likert 量表，0 < 得分（X）≤ 2 为完全不需求，2 < X ≤ 4 为比较不需求，4 < X ≤ 6 为一般需求，6 < X ≤ 8 为比较需求，8 < X ≤ 10 为非常需求。有效问卷纳入的标准：①年龄 ≥ 60 岁；②在样本区域居住 6 个月以上；③对本次调查知情同意，并愿意积极

配合者。

运用 Cronbach's α 系数测量居民健康服务产业需求度与满意度的信度，系数 > 0.8 代表可信度高，检验得到 15 项健康服务产业需求度的 Cronbach's α 系数为 0.928，满意度的 Cronbach's α 系数为 0.868，说明调查结果具有较高的信度。运用 KMO 统计量对居民健康服务产品需求度与满意度的效度进行检验，KMO 值 > 0.9 代表效度非常高，11 项健康服务产业需求度的 KMO 值为 0.903，满意度的 KMO 值为 0.909，Bartlett 球形检验的统计值的显著性为 0.000，说明调查结果效度很好。

7.4.1 老年健康服务产业需求度分析

11 项老年健康服务产业亚类的需求度得分按照从高到低排序，其中需求度得分前三位是健康保障服务产业、专业公共卫生服务产业、基层医疗卫生服务产业，分别为 8.23 分、7.03 分、6.84 分；得分后三位是社会健康服务产业、健康相关产品零售服务产业、健康教育服务产业，分别为 6.20 分、6.03 分、5.99 分。卡方检验结果显示，11 项健康服务产业的需求度得分间差异具有统计学意义（P=0.000），如表 7-4 所示。

表 7-4 老年健康服务产业需求度分析

编号	老年健康服务产业亚类	需求度得分	排序	x^2	P
1	医院服务产业	6.75	5		
2	基层医疗卫生服务产业	6.84	3		
3	专业公共卫生服务产业	7.03	2		
4	健康教育服务产业	5.99	11		
5	社会健康服务产业	6.20	9		
6	体育健身服务产业	6.83	4	875.42	0.000
7	健康咨询服务产业	6.31	8		
8	健康保险服务产业	6.43	7		
9	健康保障服务产业	8.23	1		
10	健康相关产品零售服务产业	6.03	10		
11	健康设备和用品租赁服务产业	6.57	6		

7.4.2　老年健康服务产业满意度分析

　　11 项老年健康服务产业亚类的满意度得分按照从高到低排序，满意度得分前三位是健康保障服务产业、健康教育服务产业、专业公共卫生服务产业，分别为 7.00 分、6.88 分和 6.75 分；得分后三位是医院服务产业、体育健身服务产业、社会健康服务产业，分别为 6.33 分、6.32 分、6.17 分。卡方检验结果表明 11 项健康服务产业亚类间的满意度得分的差异性具有统计学意义（P=0.000），如表 7-5 所示。

表 7-5　老年健康服务产业满意度分析

编号	老年健康服务产业	满意度得分	排序	x^2	P
1	医院服务产业	6.33	9		
2	基层医疗卫生服务产业	6.70	4		
3	专业公共卫生服务产业	6.75	3		
4	健康教育服务产业	6.88	2		
5	社会健康服务产业	6.17	11		
6	体育健身服务产业	6.32	10	225.23	0.000
7	健康咨询服务产业	6.40	8		
8	健康保险服务产业	6.41	7		
9	健康保障服务产业	7.00	1		
10	健康相关产品零售产业	6.52	6		
11	健康设备和用品租赁服务产业	6.68	5		

7.4.3　需求度与满意度二维耦合模型检验

　　经过条件匹配，需求度与满意度的得分数值使用 Pearson 相关系数来检验相关性，需求度与满意度的得分排序采用 Spearman 相关系数来检验线性相关程度。结果显示，满意度得分与需求度得分数值的 Pearson 相关系数为 0.048（P=0.833），满意度与需求度得分排序的 Spearman 相关系数为 0.045（P=0.841）。如果变量间的相关系数小于 0.1，则变量的相关性很低或不相关。从得分的数值和排序两方面来看，居民对 11 类健康服务产业的需求度和满意度不存在显著的相关关系，所以基于满意度与需求度二维耦合模型来确定健康服务产业供给优先序是符合条件的。

7.4.4　老年健康服务产业供给优先序分析

将表 7-4 与表 7-5 的需求度得分与满意度得分转化为 Likert 5 点计分形式，$0 \leq X < 2$ 为完全不需要或非常不满意，$2 \leq X < 4$ 为比较不需要或比较不满意，$4 \leq X < 6$ 为一般需要或一般满意，$6 \leq X < 8$ 为较需要或较满意，$8 \leq X \leq 10$ 为非常需要或非常满意。基于需求度与满意度二维耦合模型绘制散点图，图 7-1 的结果显示，11 项健康服务产业分布在 3 个区域。将位于非常需要且比较满意区域的产业定为 I 类产业，将位于比较需要且比较满意区域的产业定为 II 类产业，将位于一般需要且比较满意区域的产业定为 III 类产业。

结合图 7-1 的结果，按照"需求度优先，参考满意度"的原则，综合对 11 项健康服务产业亚类进行供给优先排序，结果如下：最急需供给产业类型（I 类）：应最优先供给的产业类型；需求型供给产业类型（II 类）：在条件具备的基础上大力发展的产业类型；培育型供给产业类型（III 类）：大力培育市场需求，合理发展的产业类型。

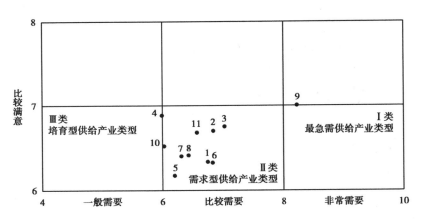

注：1—医院服务产业；2—基层医疗卫生服务产业；3—专业公共卫生服务产业；4—健康教育服务产业；5—社会健康服务产业；6—体育健身服务产业；7—健康咨询服务产业；8—健康保险服务产业；9—健康保障服务产业；10—健康相关产品零售产业；11—健康设备和用品租赁服务产业。

图 7-1　基于需求度与满意度二维耦合模型的老年健康服务产业分布散点图

1）I 类最急需供给产业类型的居民需求度与满意度最高

结果表明，健康保障服务产业处于需求度很高、满意度较高的水平，两个维度得分都是 11 项产业中的最高分，为 I 类最急需供给产业类型，位于供给优先序的第一位，说明老年居民对现有基本医疗保障制度的认可度较高。在调查的 1 187 名老年居民中，基本医保覆盖率为 94.52%，主要为城镇职工基本医疗保险，商业医疗保险参保率为 10.45%，一方面说明居民的医疗保险形式仍然处于较单一的形式，由市场提供的健康保险服务产品没有被居民接受并消费，健康保险服务市场开发有限，存在巨大市场潜力，另一方面也表明目前健康保险服务市场在吸引居民参保方面存在空白。

2）II 类需求型健康服务产业类型的需求度与满意度都较高

在本次调查中，医院服务产业、基层医疗卫生服务产业、专业公共卫生服务产业、社会健康服务产业、体育健身服务产业、健康咨询服务产业、健康保险服务产业、健康相关产品零售产业和健康设备和用品租赁服务产业等 9 项 II 类需求型健康服务产业类型都处于需求度较高的水平，占比 81.8%。总体而言，老年人对整个健康服务产业的需求度较高，但需求仍集中在包括专业公共卫生服务产业、基层医疗卫生服务产业、医院服务产业这三类的医疗卫生服务上，提示健康服务市场有待多样化发展，市场活力亟待激发；另一方面也表明我国在不断推进医药卫生体制改革的路上，大多数老年居民对目前改革成效的态度明朗。

3）III 类培育型供给产业类型的满意度较高而需求度不高

健康教育服务产业这 1 项 III 类培育型供给产业处于需求度一般、满意度较高的水平，其中需求度得分仅为 5.99 分，是 11 项亚类中得分最低的产业。健康教育服务产业包括中等职业学校教育、普通高等教育、体校及体育培训和职业技能培训等服务。需求度不高的原因可能与老年居民的认知水平有关，由于健康教育服务产业的专业技术性较高，大多数老年居民对这一产业的认知度较低，认为这类产业的服务对象仅是专业的医疗卫生技术人员，而与自身健康并没有直接关联或作用不大，没有意识到自己同样是这类产业的受众，同样能从健康教育知识的学习中受益。

7.4.5　基于二维耦合模型的老年健康服务产业供给路径选择

I 类最急需供给产业类型的居民需求度与满意度最高，应优先供给这一产业，满足老年居民的高需求，同时发挥健康保险服务产业的补充作用，两种产业均衡发展为居民提供更优质的服务。政府应真正发挥健康保障服务产业的主要作用，进一步扩大基本医疗保险的覆盖率，完善基本医疗保险制度；真正促进健康服务保险服务产业的补充与支撑作用，完善鼓励政策引导健康保险市场发展；同时注重做好二者的衔接，避免保障不充分和相互挤占空间，真正形成政府、医院与基本医保间的"风险共担、利益共享"机制。一是通过宣传，鼓励老年居民购买商业健康保险，让商业健康保险需求显性化，并做好与基本医疗保险的有机衔接。二是放宽商业健康保险的市场准入，做到"宽进严出"，同时做好商业健康保险产品的质量质控工作。三是鼓励商业保险机构增设健康保险险种，加大产品创新力度，根据市场需求设计差异化健康保险产品，加强失能、护理、养老、医疗责任等业务服务内容创新，满足客户多元化健康保障需求。

Ⅱ类需求型健康服务产业类型的需求度与满意度都较高，应该结合区域实际情况按需供给，通过发展多业态、高质量的健康服务产业来不断提高居民需求度与满意度。一是结合区域内外环境优势，在充分发挥医疗卫生服务产业基本与引导作用的基础上，不断推动非基本、多层次的健康服务的发展，促进健康服务产业结构转型升级，形成多种服务业态共同发展的平衡局面。二是大力支持社会力量办医，遵循市场规律，不仅要保障核心的医疗卫生服务产业，更要促进健康相关支撑产业的融合发展，以满足居民多元化、多层次的健康需求，形成全面、系统、整合的健康服务产业格局。在不断激发居民的多元化需求的同时，保证满意度同步提高。三是注重医、教、研一体化和健康服务集群特色的培养发展，培育健康消费市场和服务购买机制，营造一个公平的社会办医发展环境。四是在保障基本医疗服务的基础上，加强在专业公共卫生服务产业和基层医疗卫生服务的投入，基于智慧社区不断创新医养结合模式，增大家庭医生入户签约率，鼓励医疗卫生机构与社区卫生服务中心（站）的合作，深入推行分级诊疗，进一步提高居民健康素养。

Ⅲ类培育型供给产业类型的满意度较高而需求度不高，应先采取措施增强老年居民的健康素养，进一步培育老年居民对这一产业的需求之后再进行合理发展。一是建立专业健康教育或健康职业技能培训机构，创新产业发展模式，鼓励社区与专业健康教育培训机构联合开展健康科普知识活动，通过适当的奖励机制来引导老年居民积极主动学习健康知识；二是借助媒体舆论的宣传引导作用，利用电视、微信、微博等电子信息平台，宣传正确的健康意识和知识，如就医看病、养生保健、康复养老等方面的知识，扩展老年居民的知识面，提高老年居民对正确卫生事业知识的认知，进一步培育健康服务需求，缓解医患间信息不对等的问题；三是要加大力度整顿规范媒体健康节目，积极宣传先进健康科学技术，减少错误信息的报道，确保传播渠道的正规性和传播内容的准确性，实现老年居民健康素养与城市同步发展。

第8章　老年健康服务人力资源供给研究

人力资源是老年健康服务业发展的重要资源要素，人力资源供给的情况将直接影响老年健康服务质量以及产业发展水平，老年健康服务人力资源队伍建设是加快我国老年健康服务业发展的重要保障。本章以重庆市为例，在分析国内外老年健康服务业人力资源培养经验的基础上，对老年健康服务产业人力资源供给问题展开论述。

8.1　国外老年健康服务业人力资源培养的探索和经验

在老年健康服务人力资源的培养方面，发达国家已经作出了许多探索和实践。

日本从培养方式、资金政策、政府扶持等方面入手，逐步形成了多层次、高素质、专业化的老年健康服务人力资源培养模式。日本对老年健康服务人员按照其接受培养层次的不同分为介护福祉士和社会福祉士两类。介护福祉士主要从事一线的护理服务工作，需要通过国家认证资格考试，且收入稳定。介护福祉士一般分为三级：一级为护理兼管理，负责安排管理辖区内护理员的工作，并参与对老年人的护理；二级能做所有的护理工作；三级只能从事简单的家政服务和一般性护理工作。在培养上，对介护福祉士和社会福祉士的培养主要采取学历教育和严格的专业资格等级考试两种。介护福祉士从事的是具体的老年健康服务工作，其接受的教育可以类比为我国的职业教育，培养对象主要面向初高中毕业生，通过两年的学习和实践，完成规定的学时，然后通过国家介护福祉士考试后方可获得从业资格。社会福祉士主要从事老年健康护理方面的协调和管理等相关工作，需要掌握丰富的专业知识、具备较高的应用能力，因此其培养层次比介护福祉士高一些，属于高等教育阶段。除了介护福祉专业的学生可以参加介护福祉士资格考试，具备 3 年以上养老服务经验的人员也可参加，通过获取资格证书来提高自身的专业素养和服务能力。目前日本介护士培训机构包括学校和规模较大的民营企业，学科门类已较为齐全。培训内容主要包括基础科目、专业科目、技能实训、介护实习。培训对象主要为初高中生，学制为 2~3 年。在资格准入制度方面，日本颁布相关法律明确规定，老年健康服务人员必须持证上岗，同时制定了规范的资格认证体系，设置准入门槛制度以确保老年健康服务者的专业技能；为扩大老年健康服务专业人力资源的后备力量，日本地方政府鼓励年轻人参加社会福祉士和介护福祉士的专业资格考试，并且通过助学贷款等政策优惠缓解其求学压力和生活压力。

德国目前已形成了多元化的老年健康护理人力资源培养体系。要求老年健康服务人员不仅要具备丰富的老年健康护理知识和专业技能，还要有良好的职业道德素质，并且能够快速处理服务过程中的各种突发事件。德国的护理教育体系层次分明，针对性较强，由中专培训、继续护理教育和学位教育三个层次构成，其老年健康护理服务人力资源培养模式的显著特点是"双轨制"，即实行学校的理论课程与老年健康机构的实践课程相结合的模式。学生在学习专业知识的同时，还需要采用学徒制的方式在护理机构进行实践，每一名学生至少配备一名经验丰富的老年健康护理人员进行专业指导。德国在护理专业资格认证方面要求较为严苛，每位参加护理考试的学员，有且只有一次补考的机会。在职业教育方面，德国开设了大量的老年健康护理人员培训机构及培训课程，既方便了在职人员的培训提升，又满足了想要从事护理行业人员的学习需求。与此同时，大量的老年健康企业也加入了老年健康护理服务人力资源培养的行列，他们出资开设培训学校，在培训自己员工的同时，也允许社会成员加入培训队伍。为了缓解老年健康护理人员紧缺的现状，德国政府把注意力转移到了"全职妈妈"身上，通过制定相关的优惠政策，鼓励全职妈妈兼职老年健康护理工作。在资金政策方面，德国政府不仅对公立学校进行资助，还对满足一定条件的私立学校进行资金支持，企业积极承担老年健康护理人员的再培训费用。这一系列的资金政策，激发了护理人员接受技能培训的热情，在一定程度上助力了老年健康护理服务人力资源培养。在法律保障方面，德国 1984 年出台的《护士执业法》和 1994 年出台的《护理保险法》不仅从法律层面上保障了老年健康从业人员的合法权益，而且间接提高了护理人员的管理水平。

美国目前已经形成从学士到硕士到博士的高学历人力资源组成的多层次老年健康服务人力资源培养体系，在一定程度上保证了老年健康服务的高质量和高水平发展。在老年健康人力资源的培养上，美国老年健康服务护理人员多数由专业护理学校培养，毕业的护士只要通过美国护士学会的资格考试，便可从事护理工作。从社会地位上讲，老年健康服务业护理人员地位并不低于医院护士；从职业发展来看，美国能够为护理人力资源提供较为广阔的发展空间，凡受过老年健康护理培训的学员，都可以通过参加由美国护士认证中心（American Nurses Credentialing Center，ANCC）组织的老年健康护理认证考试，成为专科护士和开业护士。

8.2　国内老年健康服务业人力资源培养的探索和经验

北京市在老年健康服务人力资源培养中做出了很多有益探索并走在全国前列。清华大学、北京大学等高校均有参与高层次、领军型老年健康产业人力资源的培养。在老年健康产业人力资源学历教育方面，北京大学不定期举办老年健康领军人力资源研修班，老年健康课程体系的设置精准对接医疗、老年健康、金融、文化、旅游、地产等产业资源，利用北京大学丰富的教师资源助力老年健康产业，培养领军人力资源。清华大学通过举办老年健康民生政策与公共服务国际研讨会，旨在联合各地区共同探讨老年健康人力资源培养的新路径。此外，北京碧郎湾健康产业集团与瑞士酒店管理教育集团共同设计老年健康相关课程，通过校企合作、共同培养，能深入借鉴国外老年健康人力资源培养的先进教学经验，为北京市老年健康企业引入来自国际的高级老年健康服务人力资源。

上海成立了上海健康医学院，开设护理学、健康服务与管理、康复治疗学、临床医学（全科医生）、康复物理治疗等专业，通过学科布局确定人力资源培养目标，并与美国密歇根大学、杜克大学等70多个高校及企业建立校际、校企合作关系；引进海外高水平在线课程、教材及海外教授、名师进行讲学、交流；派遣学生到海外高校或者企业实习，优秀教师到海外高校进修和深造。加强与政府、行业企业的紧密合作，签署战略合作协议，开设老年健康人员、养老护理院等培训班，为行业企业培训员工，承担地方政府委托的各类研究项目。与民政局合作，对老年健康从业人员进行规范化、标准化培训，进一步拓宽和提升老年健康从业人员知识储备和综合素质。

江苏省成立国际老年健康学院，培养高素质、国际化的高端老年健康人力资源。引进日本、德国等国际先进的老年健康教育资源、教学理念、优质课程和外籍师资。在助餐、助医、助行、助学、助养等方面设置营养搭配、老年健康护理、智能产品开发、老年文化兴趣活动设计、老年心理辅导等专业及专业方向。当地政府加大财政扶持力度，专门通过设立专项助学金、奖学金以及学费减免等计划来吸引新生报考。打造国际化老年健康产、学、研、创四位一体实践教学平台，通过产研一体，增强老年健康服务人力资源的实践能力。引进日本、德国、美国等国际老年健康资源，引入日本式介护人力资源培养标准、日间照护中心运营管理标准、介护师考核鉴定标准等，研究制定符合南京市市情的老年健康服务规范和职业资格标准。

四川省攀枝花市在完善老年健康服务人力资源培养政策机制方面主要有以下经验。强化政策引领，编制《攀枝花老年健康产业人力资源中长期发展规划》，完善老年健康产业人力资源聚集培养机制。编制发布《2017—2020年攀枝花市重点行业(领域)紧缺人力资源需求目录》，提供老年健康产业人力资源需求岗位，以目录为导向促进老年健康产业人力资源供需精准对接。以高层次人力资源引进为抓手广辟引才渠道，引进卫生、体育、农林等领域老年健康产业人力资源。成立全国首所老年健康学院——攀枝花国际老年健康学院，招收护理、康复治疗、老年服务与管理、旅游管理等老年健康专业学生。举办四川省老年健康旅游产业高级研修班，培训行业技术和管理骨干。开办"阳光老年健康旅游讲堂"，培训从业人员。与大学签订了市校老年健康合作协议，以项目为载体加强老年健康产业人力资源、技术、智力引进。推进"老年健康＋医疗"项目，与四川大学华西医院合作举办医学高级人力资源培训班，建立"人力资源＋项目＋平台"的本土化老年健康产业人力资源培育阵地。

8.3　重庆市老年健康服务人力资源供给现状

目前重庆市老年健康服务人力资源培养路径模式主要为院校教育与社会培

训相结合。一是高等院校、高职高专类院校、技工院校培养的应届学生，专业覆盖了老年健康服务业的健康服务、养老服务和养生服务相关专业；二是社会职业技能培训学校培训的再就业人员，以养老服务和养生服务相关技能培训为主。院校教育是老年健康服务人力资源输出的主渠道。以老年健康服务核心专业养老护理专业为例，各高校在"护理学""康复治疗技术"专业下设置了老年护理方向，开设与之配套的相关选修课程，主要课程设置包括老年护理学、康复护理学、社区护理学等。目前，高职院校开设护理、老年保健与管理、康复工程技术等相关专业，在校生约 1 万人；中职学校开设护理、老年人服务与管理等 4 个相关专业 38 个专业点，在校生约 2.8 万人，其中 2019 年新增康复技术、老年人服务与管理、中医康复保健、社区老年健康 4 个专业 7 个专业点。全市技工院校开设护理（养老）专业点 12 个、老年服务与管理专业点 2 个、健康服务与管理专业点 4 个、保健按摩专业点 2 个、康复保健专业点 1 个，在校生 4 000 余人，年毕业生 1 300 余人，主要培养具有老年生活护理、老年心理护理、老年康复保健和养老机构经营与管理能力，胜任各级养老机构护理员、心理咨询员、康复保健师、护理管理者等专门技能人力资源。截至 2020 年，主城区共有民办职业培训机构 140 多所，其中有 50 余所开设老年健康、养老护理相关专业的培训课程。市级层面不定期举办养老护理相关培训，进一步强化了养老护理队伍服务能力；各区县按照自身需求组织相关培训，培训辖区内老年健康服务相关人员。

在老年健康服务人力资源激励与保障制度方面，2019 年 4 月 1 日正式实施的《重庆市养老机构管理办法》里提出鼓励和支持高等院校、中等职业学校设置养老护理等养老服务相关专业，对符合条件的学生按照规定提供奖（助）学金和资助资金。对中等职业学校就读养老服务相关专业的学生减免学费。支持高等院校、中等职业学校、养老机构和职业培训机构等开展培训项目，对参加养老服务技能培训、创业培训且培训合格的从业人员，按照规定给予培训补贴。养老机构护理人员的职称晋升按照社会工作人员职称序列参加申报、评审。对高等院校、中等职业学校养老服务相关专业的毕业生从事养老服务工作，按照规定给予入职补贴。对长期从事养老护理服务工作的人员，按照规定给予奖励。

8.4　重庆市老年健康服务人力资源供给存在的主要问题

8.4.1　人力资源培养体系不完善，无法满足未来多元化市场需求

由于高职、高专、技工院校为老年健康服务人力资源培养的三体单位，因此从业者学历普遍偏低。缺少行业高端领军人力资源的培养路径，多层次的老年健康服务人力资源梯队尚未形成，在一定程度上限制老年健康服务业高质量、高水平发展。随着老年健康服务业发展到不同阶段，需要具备不同学历层次和专业技能的人力资源来支撑，由于目前重庆市老年健康服务业发展的初级阶段，高职高专类院校培养出来的拥有一定专业技能的操作型人力资源是现阶段支撑行业运行的人力要素。但随着未来老年健康产业的高速发展，单一的技术操作性人力资源显然不能跟上产业发展的步伐，因此，培养院校现阶段就需要加强重视，进行高层次领军人力资源的培养和储备，否则未来就无法满足老年健康行业高质量人力资源市场需求。

8.4.2　人力资源政策支持不力，缺乏细化可操作性政策

老年健康服务业发展的人力资源政策支持体系不完善，政策文本多是宏观设计，缺少可操作的实施细则和操作步骤，难以将政策落到实处。除《重庆市"十四五"发展规划纲要》中明确提到要加强老年健康产业发展、促进养老护理人力资源队伍建设之外，还缺乏老年健康服务人力资源中长期发展专项规划引领，导致目前老年健康服务行业人力资源培养没有政策引领，更缺乏配套的体制机制与措施等，限制了老年健康服务人力资源队伍制度化发展。在财政支持政策方面，针对老年护理人力资源，重庆市人民政府出台的《重庆市养老机构管理办法》明确提到鼓励和支持高等院校、中等职业学校设置老年护理等专业，对符合条件的学生按照规定提供奖（助）学金和资助资金。支持高等院校、中等职业学校、养老机构和职业培训机构等开展培训项目，对参加养老服务技能培训、创业培训且培训合格的从业人员，按照规定给予培训补贴等。重庆市人力资源和社会保障局、财政局《关于进一步加强职业培训补贴管理的通知》中也明确规定对愿意从事养老服务工作、参加养老服务技能培训的人员办理培训补贴。但专门针对老年健康服务人力资源队伍建设方面的财政扶持、专项资金

投入的政策文件和规定没有出台，对报考老年健康专业的学生也没有专门的政策优惠和补贴机制，对老年健康从业者参加职业培训也没有明确给予培训补贴。

8.4.3 老年健康服务人力资源的专业化和职业化程度低

重庆市老年健康服务人才培养路径模式为院校教育与社会培训相结合。一是高职、高专、中职类院校培养的应届学生；二是社会职业培训学校培训的农村进城务工人员、城镇就业困难人群等再就业人员。两类培养渠道均以实践技能培训为主。目前重庆市老年健康服务机构中受过高等教育或是经过专业培训合格而上岗的人员非常少，服务人员以中年人为主，普遍存在缺乏专业健康知识的问题。本科和研究生阶段相关专业毕业的学生因待遇低和职业认可度低而极少进入老年健康服务行业。另外老年健康服务职业资格尚未纳入认定，从事老年健康服务工作的人员参加培训的动力不足。

老年健康服务人力资源作为专业技术型人力资源，具备专门的职业资格认证体系才能走向职业化和专业化。但目前重庆市人力资源和社会保障局、市职业技能鉴定指导中心在老年健康服务人力资源的职业资格认证体系和认证方式中没有充分发挥行业协会在专业技术和技能人力资源评价中的作用，与行业协会之间联系不够紧密，也没有建立一套专门适用于老年健康服务人力资源的职业考试制度和评价方式。并且从业人员的工资待遇与专业技能、从业年限、是否具备职业资格等不挂钩，导致从业人员缺乏激励机制和积极性，很多再就业人员都没有持证上岗，因而老年健康医学人员一直无法走向专业化、职业化的道路。

8.4.4 老年健康服务人员职业认同度低，从业人员流失率高

老年健康服务人力资源主要覆盖护理、康复、理疗、保健等服务领域，由于工作劳动强度大，工资待遇低，社会地位不高，职业认可度低，导致单位招录困难，入职后也难以稳定。院校招生遇冷，相关专业的毕业生即使进入老年健康服务机构工作，岗位流失率也较高。据统计，从全国养老职业教育发展来看，学生到岗第一年的流失率达到30%，第二年50%，第三年70%甚至更高。据统计，重庆市养老机构护理人员年流失率就高达30%以上。目前具有专业技能的

老年健康医学人员因工资报酬及社会地位的制约，不愿从事老年健康服务业，薪酬待遇与职业认可度低成为制约老年健康服务业从业人员稳定性的重要因素。

8.4.5 行业吸引力不足，缺少人力资源激励与保障制度

目前，重庆市老年健康服务机构大多为私人投资的中小型机构，与公立医院甚至是基层医疗机构相比，对老年健康服务人力资源的吸引力偏弱。从业人员工资待遇低、缺乏人力资源激励机制与社会保障，导致老年健康服务人力资源留不住、引不来。另外，行业宣传力度不够，相关管理部门、媒体等没有充分发挥宣传舆论和引导大众的作用，缺乏对大健康意识的传播和媒体导向，导致社会没有形成全面和良好的尊重老年健康服务的氛围和风气；社会对老年健康行业和老年健康服务工作还带有传统的偏见，导致老年健康从业人员的个人价值和社会价值得不到承认，归属感和需求得不到满足，整个社会对老年健康行业尤其是老年健康从业人员的尊重和社会认同度低。老年健康行业还不具备为从业人员提供像医疗机构或其他发展成熟的服务行业一样的福利待遇和职业晋升机会，这不仅不利于老年健康行业的发展深度和广度，也会影响行业对人力资源的吸引力。

8.5 完善重庆市老年健康服务人力资源供给路径

8.5.1 加快发展学历教育，完善老年健康服务人力资源教育培养体系

结合对未来人力资源需求的预测，适应供给侧结构性改革需要，加快发展梯级老年健康医学专业人力资源学历教育。院校作为老年健康服务人力资源培养的主要阵地，在规划老年健康人力资源培养方案和路径时，应当发挥高等院校培养高层次管理型、研究型人力资源的带头作用，加强对建立学历教育体系的重视，借鉴国外健康服务人力资源培养的经验，加快培养梯级老年健康服务专业人力资源队伍，建立起以中职—高职—本科—研究生教育衔接的学历体系，把老年健康服务人力资源的培养真正融入学历教育中去，打通学历渠道。有计划地在高等院校和职业院校增设老年医学、护理学、营养学、心理学等老年健康专业和课程，扩宽人力资源培养规模和类型。建立以职业道德、基础知识、

生活照料、基础护理、康复护理、心理护理、护理管理、培训指导等为主体的课程体系，同时进一步深化产教融合、校企合作，为老年健康服务行业输送业务骨干和高层次教学研究人员。

8.5.2 完善政策支持体系，出台可操作性强的实施细则

政府应尽快制定老年健康服务人力资源培养中长期专项规划，完善老年健康产业人力资源聚集培养机制。围绕加快建立老年健康服务人力资源培养培训体系，结合重庆市实际从宏观和战略高度、全局视角，对老年健康服务人力资源培养、科学使用和培训提高等做出战略部署。要以政府出台的人力资源发展规划为指导，根据本地区的实际情况，充分考虑政策的可行性，制定符合当地社会经济发展趋势的老年健康服务人力资源培养规划。根据当前老年健康服务人力资源培养的现状，制定具体的老年健康服务人力资源支持政策实施细则，并且要对政策的实施过程进行监督，及时修订完善。政府要加大对老年健康人力资源培养的财政支持力度，在专业建设、办学条件和用人单位投入更多的发展资金支持，建立专项资金用于老年健康人力资源队伍建设。首先，加大对院校基础教学设施的建设投入。在院校设置老年健康服务专业时，政府要对其提供经费支持，确保院校硬件设施和软件设施建设齐全。其次，创新招生机制，实行学费减免、发放奖助学金、建立大学生入职补贴制度、设立专门的老年健康服务专项基金等，通过一系列的优惠政策吸引学生报考老年健康专业，扩大招生规模。最后，各地政府应加大对当地老年健康机构、培训机构等财政、税收的补贴力度。老年健康事业本身具有一定的公共服务性质，老年健康机构在运营时往往投入的成本较高，但回报周期长，因此必须借助政府的财政支持才能保证老年健康服务机构良性发展。建立老年健康服务人力资源薪酬补贴制度，对不同等级的老年健康服务人力资源给予岗位津贴，适度减轻老年健康机构的用人成本。

8.5.3 规范老年健康服务人力资源职业资格认证体系，提升行业职业化水平

由于老年健康产业是新兴产业，老年健康服务未列入国家职业资格目录，为满足老年健康行业医学人力资源培养需求，重庆市人力资源和社会保障局组

织开发老年健康医学人员专项职业能力认证，组织开展老年健康服务职业能力鉴定，对合格者颁发职业能力证书。严格规定用人单位的用人标准和进入门槛，规定从业者必须持证上岗，现有的无证人员必须要参加职业培训考取职业资格证书。重庆市人力资源和社会保障局、重庆市教委等部门要合作制定职业能力评价制度和培训制度，明确评价方式，逐步推动老年健康行业从业者工资待遇与职业资格、专业技能等级、从业年限、工作能力挂钩。对于院校的老年健康服务专业的学生，推行"双证书"制度，职业院校与职业技能鉴定机构合作，积极鼓励学生在校期间利用课余时间考取职业资格证书，毕业时就能同时获得毕业证书和职业资格证书。对于在老年健康机构执业的专业技术人员，实行执业资格和注册考核制度，定期或不定期开展培训与考核，推动实施职业技能等级认定制度，科学设置老年健康行业专业人力资源评价标准，完善技能人力资源评价工作。发挥行业协会咨询服务、沟通协调等职能的作用，在老年健康服务行业的准入标准、职业标准制定中充分参考行业协会的观点和建议，设计一套科学的老年健康从业人员的职业资格认证体系。

8.5.4　健全老年健康服务人力资源激励机制，增加行业吸引力

全面建立老年健康人力资源的激励制度，增强老年健康从业人员的信心。在对学校人力资源的培养激励机制上，研究制定在老年健康机构中从事老年健康服务一线工作的中等职业技术学校（技工院校）、高等院校全日制老年健康服务与管理类相关专业毕业生入职补贴，按规定落实全日制学生免学费、国家助学金、免住宿费等资助政策和职业技能培训、鉴定补贴，以此扩大招生规模，鼓励学生毕业后就职业于老年健康行业，切实提高老年健康服务人力资源的工作待遇和社会地位，提高从业人员的职业成就感，让全社会认同老年健康服务工作，进而吸引更多优秀人力资源进入老年健康服务行业，稳定人力资源队伍。在入职人员激励机制方面，企业要给毕业生提供良好的发展条件和职业晋升机会，为就职的毕业生提供完备的社会保险、福利和津贴，让他们能够享受社会保障和福利待遇。建立对从业人员的入职补贴、年金制度等；在员工发展上，要给予员工更多的学习和进修机会，学习国内外先进的老年健康服务或者管理经验，鼓励和支持员工参加培训，考取职业资格证书，严格要求员工持证上岗。

在绩效考核上，考核员工的工作能力、工作业绩和职业道德素质等方面，考核结果直接体现在福利待遇上，通过物质的奖励激发人力资源潜能。在职业晋升上，创造良好的职业发展空间，根据老年健康服务人员的专业技能和服务水平，设置不同的职称，定期开展晋级职称考试，并且为不同等级的人力资源制定不同的职业发展规划。

8.5.5 引导社会舆论方向，营造老年健康服务人力资源培养的良好环境

首先，努力创造全社会尊重老年健康服务从业人员、支持老年健康服务人力资源培养的良好环境。受传统观念的影响，老年健康服务人员的社会地位普遍较低，导致其职业认同感不强，老年健康服务行业的吸引力较低。大力宣传全民健康覆盖的意义，改变人们对老年健康服务行业的偏见，重新塑造老年健康服务从业人员的良好形象。其次，应尽快建立老年健康服务人员表彰激励机制，对具有突出表现和重大贡献的优秀老年健康服务人力资源给予奖励，并进行适时地宣传和报道，提升老年健康服务人力资源的社会地位。最后，通过开展各种形式的活动，如组织职业竞赛、岗位技能比拼、开展技术交流等，激励老年健康服务人员学习新技能，提高老年健康服务水平，增强老年健康护理服务人力资源的职业认同感。

第9章 老年健康服务产业高质量发展战略路径

老年健康服务产业是全社会从事老年健康服务提供活动的集合，涉及面广、产业链长、融合度高。大力发展老年健康服务产业，是实施健康中国战略、维护和保障老年人健康的一项重要任务，这既是改善民生的需要，也是建设现代化经济体系的需要，具有重大意义。当前，老年健康服务产业仍存在诸多短板，因此，本章就进一步完善内涵丰富、结构合理的老年健康服务产业体系，促进健康产业高质量发展提出对策建议。

9.1 提供制度保障和政策导向

我国的老年健康服务产业目前仍处在起步阶段，还没有形成对供应商有吸引力的市场。政府应当承担起对我国老年健康服务消费市场和老年健康服务产业发展的指导、规划、建设的责任，推动其高质量发展。应当在税收、公用事业收费等方面予以政策倾斜，尽量减免有关行政部门征收的各种杂费，努力降低从事老年健康服务产业的企业的支出成本。同时，管理部门应加大在财政、税收、金融、土地使用等生产要素方面政策支持的力度，扶持老年健康服务产业企业发展。

9.1.1 加强规划统筹引领，建立老年健康服务产业发展协调机制

将促进老年健康服务产业高质量发展纳入当地国民经济和社会发展规划，结合区域实际，制定《老年健康服务产业高质量发展专项规划》，明确老年健康服务产业发展重点方向，建立健全促进老年健康服务产业高质量发展工作制度，切实做好顶层设计。建立老年健康服务产业发展协调机制，明确老年健康服务产业工作领导部门，统筹推进老年健康服务产业工作。强化老年健康服务产业重大问题研究，加强部门间的统筹协调。健全多部门联席会议机制，明确

部门职责，加强各部门间的横向联系，及时沟通解决老年健康服务产业发展中存在的问题和困难。突出区域特色，及时制定出台配套政策，部署落实促进老年健康服务产业高质量发展。

9.1.2 完善行业行政法规，营造良好的老年健康服务业高质量发展环境

老年健康服务产业作为我国的新兴经济增长点，处于起步发展阶段，需要政府在政策层面从系统的角度加紧制定和完善有关行规和法规。这样既能规范市场中的企业行为，也能促使整个老年健康服务产业的良性发展。政府应营造一个良好的老年健康服务业高质量发展环境，从宏观层面制定和完善老年健康服务产业的行业标准和法律法规，将分散的养老事业和健康产业的法条集中于一套法律法规体系中，形成一套单向用于规范老年健康服务行业发展的行政法规，从宏观角度做顶层设计，科学合理地规划布局，配合有关部门和地方政策发布规范性和政策性文件来指导行业发展，合理配置和有效利用社会资源，提高法律和政策的强制性，从而提高效率和执行力。在法律制度保障的环境下，老年健康服务行业才能迅速发展，把老年健康服务产业纳入法治化的轨道和纳入经济社会发展规划，形成政府主导、市场配合、社会参与的老年健康服务发展管理体制和工作机制。在老年健康服务实行过程中，法律政策要将各方权责划分明确，执行和监管部门要各自履行义务，保护老年健康服务机构利益，保障老年人权益。总之，政策、法律、法规要贯穿老年健康服务行业的始终，保障行业健康发展，政府要发挥主导作用，做好引导、扶持、规范、监管和保障作用。加快产业准入制度改革，建立行业准入负面清单，清理取消不必要的行业准入证、经营许可证等证照项目。推动老年健康服务产业专项标准建设，加快中医药、养老养生、健康旅游等领域地方标准制定，积极参与国际标准、国家标准和行业标准的制定。

9.1.3 推动行业协会组织发展，加大产业发展政策支持力度

推动健康服务产业及各细分行业建立行业协会、产业发展促进会等行业组织。充分发挥行业组织在业内协调、行业服务、监测研究、标准制定、从业人员执业行为规范、行业信誉维护、与政府沟通桥梁等方面的作用，建立健全行

业自我管理机制，促进健康服务产业的持续健康发展。在地方重大发展战略中充分重视老年健康服务产业发展，加强政策支持。全面梳理健康服务产业领域的相关政策，取消不合理规定，切实落实国家和市级相关部门出台的各项优惠措施，着力从市场准入、财政支持、税收优惠、人力资源引进、技术创新、投融资政策等方面加大支持力度。优化财政专项发展资金使用，加大对老年健康服务产业资金支持力度。探索老年健康服务产业发展正面引导和负面清单相结合的管理方式，促进重点领域加快发展和空间布局合理优化。

9.2　完善服务标准体系和服务制度

9.2.1　完善服务标准体系

通过建立科学合理、运转高效的长效评估机制，促进老年健康服务资源合理配置，提高老年健康服务质量和运行效率。出台和完善相关服务标准、设施标准和管理规范，制定老年健康服务机构的建设标准，建立等级评定制度及评估制度，进而制定老年健康服务机构的准入、退出机制，规范老年健康服务市场行为。明确老年人健康分级标准。根据老年人健康体检情况和护养程度，制定如"失能""半失能"等认定的相关指标，明确可承担鉴定该分级标准的机构资质标准。明确老年健康服务项目标准。根据老年居民健康服务需求现状，结合需要的服务内容，如提供基本医疗、公共卫生、健康管理、预约挂号、专家会诊、特需健康体检、康复理疗、口腔保健、中医针灸、中医药"治未病"、家庭病床、家庭护理、专项健康评估、远程健康监测等个性化健康管理服务。探索提出老年健康服务标准、规范；明确老年健康服务价格标准。对满足不同层次服务需求进行成本测算，提出合理的服务价格标准。探索家庭医生签约服务收费标准，更好地调动家庭医生工作积极性，更好地助推老年健康服务工作。

9.2.2　明确基层医疗机构老年健康服务制度

出台老年健康服务与社区卫生服务中心合作规范，统一合作模式、基本服务内容等。依托社会药品零售终端扩大老年健康服务药物种类范围。建立基层医疗机构慢病长处方用药政策，老年居民在社区确需延续上级医疗机构长期医嘱以维持治疗的，家庭医生可根据上级医院用药医嘱开具相同药品（麻醉药品除外）。对诊断明确、病情稳定、需要长期服药的签约慢性病患者可由其签约家庭医生一次性开具治疗性药物。

9.3 增强风险防控能力和监管水平

9.3.1 建立合理的评估监督机制

不同子行业分别隶属于不同的政府部门监督管理，导致多头管理的混乱现象和相互推诿的现象。若要老年健康服务产业良性运行，必须由权威的政府部门对其进行有力监督和高效管理，政府的监管作用是老年健康服务功能得以实现的重要保证，它的职能包括对老年健康服务法规政策的执行检查，保证政策的实施，还包括对服务机构的监督管理，建立完善服务机构的建设标准、服务标准、等级标准等行业规范。政府可以设立一个专门监督管理老年健康服务机构、重新制定监管制度，使相关部门共同参与，有明确的职责分工、相互合作更加密切，建立一套能够充分发挥作用、指导性强并便于操作的监管体制，只有这样，老年健康服务的各项环节才能够有效衔接，资源才能得到高效利用，老年人的合法权益才能得到保障。研究建立适应老年健康服务产业新业态、新模式发展的包容有效的审慎监管制度，完善对养老、旅游、互联网、健身休闲与医疗卫生跨界的融合监管。强化药品安全监管，切实保障人民群众用药安全。加大信用信息公开力度，将医疗卫生、药品、医疗器械企业的行政许可、行政处罚等相关信息在国家企业信用信息公示系统进行公示。要加强对服务机构服务行为的监管，要依据《中华人民共和国执业医师法》《医疗机构管理条例》《医疗事故处理条例》《医疗机构管理条例实施细则》等有关法律、法规和规章，通过加强医疗质量医疗安全专项检查等，加强对服务机构的监督管理，规范机构执业行为，保障服务质量和医疗安全。形成"宽建严管"的监督机制，从而保障老年健康服务业有序发展。

9.3.2 加强服务机构评估

政府部门对行业进行监管的同时还要重视对行业及机构的评估，将优秀的老年健康服务机构或好的项目推荐给其他机构学习借鉴，对于实行中有欠缺和不足的地方，监管部门要及时指出并加以引导，定期对老年健康服务机构进行评估，结合发展和完善情况，组织机构间相互学习、交流，对刚进入行业的机构组织定期培训，给予咨询、指导帮助，通过长期的评估可以逐步建立起行业规范和标准，更加便于今后的监督和管理工作，形成有利于行业内相互促进、发展的环境。政府还应根据老年人患病、失能、生活自理方面对老年人健康状况进行评估，根据老年人选择的服务方式和老年人经济状况建立补贴制度。评估机构内老年人在日常护理和疾病治疗等各个环节的潜在风险，探索机构内抵御风险的能力，解决老年人和老年健康服务型机构的后顾之忧。

9.4　强化政府投入责任和拓宽多元化筹资渠道

对于公益性的服务机构，应强化政府责任，发挥政府的主导作用，建立起财政投入长效保障机制，实施有效、合理的分类补偿机制。一是设立专项资金，对于新增的服务内容，在科学测算服务项目和补助标准的基础上，将所需资金列入同级财政预算。通过建立基本医疗保险统筹基金划拨支付以及个人正常缴费机制、发展商业健康保险等方式，筹集设立老年健康服务基金；落实医养结合机构的民办公助政策，明确机构建设的财政补贴额度。二是创新医疗报销机制。一方面将健康体检纳入基本医疗范畴，减少医疗投入和盲目过度就医，另一方面设立强制性护理康复险，调整康复护理相关医疗服务价格，发挥医保付费和医疗服务价格调节供需的杠杆作用。同时推动商业保险公司与基本医保机构合作发展多样化的补充保险，为老人提供更多选择。三是吸引民营资本，扩大社会参与度。鼓励和引导民间资本投向老年健康服务。首先，通过对健康服务机构出台扶持政策、财政资金补助、放宽贷款条件、提供优惠利率等方式，引导民间资本参与老年健康服务产业领域。其次，通过公共招标、委托管理等形式，引进有先进老年健康服务管理经验或先进医疗、康复技术及设备的专业机构经营，以公办民营的方式带动老年健康服务专业化水平不断提高。最后，通过营造良好的产业发展环境，形成充分竞争的市场，鼓励民营企业主动提高服务标准、提供增值服务，充分发挥优势。通过奖励补助等方式加大财政支持力度，发挥各级政府投资基金作用，积极撬动社会资本支持老年健康服务产业发展，全面落实对产业的税费优惠政策。拓展金融平台功能，加快引进国内外知名医疗健康创投基金，支持符合条件的健康企业上市融资和发行债券。四是鼓励多方社会资源参与老年健康服务体系建设。探索政府和社会资本合作（Public-Private Partnership，PPP）的投融资模式。鼓励和引导各类金融机构创新金融和服务方式，加大金融对老年健康服务领域的支持力度。充分发挥市场在资源配置上的决定作用，引入市场竞争，让各种形式的混合所有制的老年健康服务机构通过"市场化"的方式运营老年健康服务。

老年健康服务产业的发展离不开政府的引导和相关支持，包括发挥财政、税收和金融政策的引导激励作用等。鼓励具有一定实力的金融企业，特别是企业年金等长期资金的管理机构，进入老年健康服务产业，把握市场先机，创新盈利模式与发展模式。凭借其产业跨度大、金融服务链条长以及政府资源等综合优势，借助银行、保险、信托、证券、产业基金、资产管理、金融服务等金融资源，用金融化打通各个环节，推动和深化老年健康服务社会化；形成内部可复制、外部可推广的老年健康服务产业盈利模式与发展模式。

随着老年健康服务产业的市场化发展，投资主体会逐渐增多，相应的配套和服务日趋成熟，服务质量也会得到提高。可以预见，在国家老年健康服务产业政策逐渐完善的趋势下，老年健康服务产业会吸引越来越多的金融资本共同分享人口老龄化的红利。政府在财政金融方面要以安全稳健为基本前提，不适用于大量的信贷融资，在发展前期，更适合在政府监督下加大对老年健康服务产业的财政投入和金融支持。在国家基本方针的指引下，各级政府应当尽快制定相关详细的财政和金融政策，从财政支出中拨付一定的资金量，并配套相关的金融支持政策，盘活老年健康服务产业的资金量。具体做法包括：首先对老年健康服务产业中发展门槛较高的行业直接进行财政补贴，增加资金流量；其次需要出台适应性强的企业贷款和信贷管理细则，并引导市场中的金融机构对老年健康服务产业予以资金支持。另外，在税收政策方面，每一级政府要做到因地制宜，根据自身的发展需求来调整当地的税收优惠程度；对老年健康服务产业链中尚未成形的相关产业，尽快制定适应性强的税收优惠政策。

9.5　增加新型健康保险供给和健全健康保障机制

增加新型健康保险供给。进一步引导健康保险公司开发覆盖特需医疗、前沿医疗技术、创新药、高端医疗器械应用以及疾病风险评估、疾病预防、运动健身等干预性服务的医疗险产品。制定进一步支持商业长期护理保险和照护服务发展的政策。加快适用于多机构执业的医生执业责任险产品准入，鼓励医生、医师协会等参与医生执业责任险产品开发。进一步提升医疗保障水平，完善医保报销制度，使老年健康服务医疗保障程度更加广泛和深入。大力发展老年人意外伤害、长期护理等商业保险，逐步建立长期照护、老年健康结合、老年健康服务等养老服务保障体系，积极解决失能或半失能人员护理费用需求。支持健康保险公司开展管理式医疗试点，建立覆盖健康保险、健康管理、医疗服务、长期照护等服务链条的健康管理组织，推动服务模式变革，促进个人落实健康责任，提高保险资金使用效率，提高对医疗费用的管控约束能力。搭建高水平公立医院及其特需医疗部分与健康保险公司的对接平台，促进医、险定点合作。鼓励健康保险公司开展基于互联网的保险服务，发展健康数据管理业务，提高精细化管理能力。

9.6　增加老年健康服务从业人力资源供给

一是加强人力资源的培养，增加供给。医学院校高校是我国老年健康服务产业发展的人力资源输出基地，所以老年健康服务产业人力资源培养首先要加强院校教育培养。制定老年健康服务产业人才培养引导性专业目录，调整优化医学教育专业结构，加强紧缺人才培养。以医学双一流建设院校为基础，加快培养基础医学、药学、医疗器械、医学新材料、医疗信息化等方向的高素质研究型人才。推进以胜任力为导向的医学教育教学改革，增强医学生预防、诊疗、养生保健、康复等健康服务全过程的知识能力训练。扩大全科医生、老年医学、老年护理、康复治疗、中医养生等相关专业人才培养规模。加强卫生职业教育，引导社会资本举办健康产业相关职业院校（含技工院校），支持增设健康服务相关专业和课程，在护理、养老服务等领域扩大对初中毕业生实行中高职贯通培养的招生规模。

二是深入推进产教融合。支持建设培育老年健康服务产业实用技术技能人才的产教融合实训基地。引导企业、学校合作建立老年健康服务职业培训机构、实践基地、创业孵化中心,加强以健康需求和市场应用为导向的人才培训。扩大养老护理、公共营养、保健按摩、康复治疗、健康管理、健身指导等人才供给。健全健康服务相关职业技能鉴定机制。完善医学辅助技术人员的培训、考核制度和评价标准。

三是支持社会健康服务人才职业发展。统筹考虑社会对老年健康服务的人才需求,增加医学类科研项目、高层次培训等对社会办健康服务机构的投放力度和名额。社会办医疗机构专业技术人员与公立医疗机构专业技术人员同等参与职称评审。面向社会组建的卫生系列高级职称评审委员会和医疗机构评审委员会中要纳入社会办医行业组织和社会办医疗机构人员,并占有一定比例。巩固医师区域注册制度,逐步探索推广护士区域注册制度。切实保护医务人员在主要执业机构的非工作时间开展多机构执业的应有权利。拓展照护服务人员的职业发展空间。

9.7　充分发挥信息化技术推动老年健康服务智慧化供给

老年健康服务产业需要基于互联网技术,积极利用大数据时代的信息资源。从研究结果可知,信息化建设对我国老年健康服务产业的影响程度较大,可以从信息互联共享和信息有效利用两个方面实现高质量发展。

一是信息互联共享。首先,要解放医疗数据,使个人医疗数据和健康数据流动起来。我国医疗信息化蓬勃发展,但这些数据并没有得到合理有效的利用,政府应鼓励数据开放的政策,把个人健康档案开放给各种应用、各种健康服务提供厂商,将极大地繁荣和促进健康服务产业的各种创新和发展。其次,要制定健康标准,保障个人健康数据能安全有效地共享。制定数据标准、数据交换标准、数据安全、数据隐私保护标准、数据二次使用的标准,为健康医疗数据的大面积、安全、有效利用奠定基础。

二是信息有效利用。利用大数据信息是老年健康服务行业发展的新趋势,它可以促进健康管理的智能化，并使健康成本有效降低。互联网技术的快速发展，促使健康产业迈向智能化道路。健康智能化成为居民日常生活的一部分，如可以通过智能家用电器，记录和收集身体健康指标的数据，利用大数据分析技术开发潜在的市场需求并为相关技术的研发和创新提供基础数据。

参考文献

[1] 王荣荣，郭锋，张毓辉．新时期健康产业的高质量发展：挑战、机遇与路径研究 [J]．卫生经济研究，2022，39(6)：1-3，7．

[2] 杨玲，鲁荣东，张玫晓．中国大健康产业发展布局分析 [J]．卫生经济研究，2022，39(6)：4-7．

[3] 方悦，郑钰潆．贾康：中国健康产业努力对接世界最高水平 [N]．经济参考报，2022-05-19(6)．

[4] 李耘涛，梁镇，侯春来，等．京津冀鲁豫陕老年健康产业问题初探 [J]．中国管理信息化，2019，22(11)：133-139．

[5] 李佳莹，张强，徐菁阳．老年健康产业的发展现状及对策探讨 [J]．劳动保障世界，2019(12)：31-32．

[6]Morris A M，Engelberg J K，Schmitthenner B，et al. Leveraging Home-Delivered Meal Programs to Address Unmet Needs for At-Risk Older Adults：Preliminary Data[J]. Journal of the American Geriatrics Society，2019，67(9)：1946-1952.

[7] 张再生，邵辉．老年健康产业发展的思路与对策——基于战略性新兴产业视角 [J]．中国卫生政策研究，2014，7(3)：1-6．

[8] 国家统计局．中国统计年鉴——2021 [M]．北京：中国统计出版社，2022．

[9] 宁吉喆．第七次全国人口普查主要数据情况 [J]．中国统计，2021(5)：4-5．

[10]GBD 2019 Ageing Collaborators. Global，regional，and national burden of diseases and injuries for adults 70 years and older：systematic analysis for the Global Burden of Disease 2019 Study[J]. BMJ，2022，376：e068208.

[11]Lloyd J L， Wellman N S. Older Americans Act Nutrition Programs： A Community-Based Nutrition Program Helping Older Adults Remain at Home[J]. J Nutr Gerontol Geriatr， 2015， 34(2)： 90-109.

[12]Yang Y T， Lin N P， Su S、et al. Value-added strategy models to provide quality services in senior health business[J]. Int J Qual Health Care， 2017， 20： 1-5.

[13]Yang Z， Xia S， Feng S. Construction of a Physical and Medical Care Integrated Model for the Elderly in the Community Based on Artificial Intelligence and Machine Learning[J]. J Healthc Eng， 2022， 2022： 3678577.

[14]张再生，王乃利.老年健康产业发展现状、规划与对策探讨[J].人口学刊，2001(2)： 18-24.

[15]阮梅花，刘晓，毛开云，等.老龄健康产业业态和服务模式[J].竞争情报，2017，13(3)： 13-25.

[16]陈菲，雷雪.健康老龄化背景下重庆市老年健康服务产业业态模式研究[J].保健医学研究与实践，2018，15(2)： 14-16，34.

[17]袁玉鹏."全民健身"在"健康中国"建设中的地位和作用[J].淮北师范大学学报(自然科学版)，2018，39(3)： 66-71.

[18]姜秀谦，李坤，朱峰.国外多层次养老服务模式及启示[J].社会治理，2017(3)： 47-50.

[19]韩建敏.建设具有城市特色的老年健康服务产业[J].智慧中国，2017(3)： 22-23.

[20]国家统计局.健康服务业分类(试行)[EB/OL].(2022-07-11)[2014-03-12]. http：//www.stats.gov.cn/xxgk/tjbz/gjtjbz/201406/t20140606_1758912.html.

[21]Zhang L，Hu X. Analysis of the Smart Medical Service Model in Super-Aged Society-UR Agency as an Example[J]. J Healthc Eng， 2022， 2022： 8368057.

[22]李璐.推动养老服务供给侧改革 发展老年健康医疗服务产业[J].宏观经济管理，2016(7)： 49-51，56.

[23]Luo L. Analysis of Coupling Coordination Degree between Big Health Industry and Pension Service[J]. J Healthc Eng， 2022， 2022： 6427024.

[24]郭斌， 姜华， 陈桂珍.老龄化与健康产业发展[J].辽宁经济，

2016(1)：58-59.

[25] 郭思远 . 老年健康服务产业的"黄金时代"[J]. 人民周刊，2015(12)：34-35.

[26] 王绚璇，龚勋，甘宁，等 . 长江经济带老年健康产业的融资模式与发展路径 [J]. 中国老年学杂志，2016，36(17)：4365-4367.

[27] 孟霞 . 人口老龄化背景下河南省老年健康产业发展研究 [J]. 体育世界 (学术版)，2016(10)：42-43.

[28] 陈惠芬，董翠华 . 我国老年健康产业发展现状与对策初探 [J]. 西南石油大学学报 (社会科学版)，2016，18(2)：35-40.

[29] 王学睿 . 日本老年医疗护理产业的现状及发展趋势 [J]. 全球科技经济瞭望，2013，28(7)：42-47.

[30] 陈亚光，王中芬，金花妍 . 我国健康服务产业链的环型结构与纵向整合 [J]. 科技管理研究，2015，35(22)：197-202，208.

[31] 邵刚，徐爱军，肖月，等 . 国外健康产业发展的研究进展 [J]. 中国医药导报，2015，12(17)：147-150.

[32] 成秋娴，冯泽永 . 美国 PACE 及其对我国社区医养结合的启示 [J]. 医学与哲学，2015，36(9)：78-80，88.

[33]Kodner D L. Whole-system approaches to health and social care partnerships for the frail elderly：an exploration of North American models and lessons[J]. Health Soc Care Community，2006，14(5)：384-390.

[34] 程承坪，吴琛 . 健康战略下发达国家发展养老健康产业借鉴研究——以美国、德国、日本为例 [J]. 当代经济管理，2018，40(3)：83-88.

[35] 高爽，杨陆，彭涛 . 国外医养结合养老模式研究进展 [J]. 护理学杂志，2021，36(3)：17-20.

[36] 龚韩湘，冯泽华，唐浩森，等 . 英国购买式社区照顾服务模式的发展、改革及启示 [J]. 中国卫生政策研究，2017，10(1)：64-69.

[37] 李颖 . 三种类型，四种模式，我国医养结合行业现状报告 [EB/OL].（2022-07-11）[2019-12-11]. https：//baijiahao.baidu.com/s?id=1652612056322530416&wfr=spider&for=pc.

[38] 张颖琦.为什么瑞典是最适合养老的国家？ [EB/OL].（2022-07-11）[2020-12-26]. https：//www.zhihu.com/question/21794261.

[39] 眭党臣，曹献雨.芬兰精准化养老的体系及其借鉴 [EB/OL].（2022-07-11）[2018-10-08]. https：//www.yanglaocn.com/shtml/20181008/1538963077116454.html.

[40] 宋群，焦学利.德国养老护理服务业的发展经验及对我国的启示 [J]. 政策瞭望，2017(3)：50-53.

[41] 骆柏均，宋洋.国外养老模式对中国的启示 [J]. 经济研究导刊，2020(14)：55-56.

[42] 李显杰.老龄健康产业发展需各方有效协调衔接 [N]. 北京商报，2020-09-08.

[43] 吴乾渝.上海市加强老年健康服务的实践与探索 [J]. 健康中国观察，2021(11)：40-42.

[44] 唐闻佳.上海浦东再添重磅产业园，"孵化"老年陪护机器人等智慧康养新技术 [EB/OL].（2022-07-11）[2022-01-20]. https：//www.whb.cn/zhuzhan/yiliao/20220120/445130.html.

[45] 香港特别行政区政府社会福利署.安老服务 [EB/OL].（2022-07-11）[2017-08-10]. http：//www.swd.gov.hk/sc/index/site_pubsvc/page_elderly/.

[46] 秦伟江，戴欣桐，刘雅岚.香港居家养老服务保障模式及经验借鉴 [J]. 广西经济管理干部学院学报，2011，23(3)：29-36.

[47] 孙蓉，甘田霖.我国老年健康服务业发展研究 [J]. 知与行，2019(4)：81-86.

[48] 宋璟.广东汕头完善老年健康服务体系 [N]. 中国经济导报，2021-06-17.

[49] 芮天舒，刘晶.将养老院床位"搬"进家，南京创新养老服务模式 [N]. 江苏商报，2021-03-02.

[50] 郑梦雨，王思远，张兆卿.浙江：让养老健康服务触手可及 [EB/OL].（2022-07-11）[2021-05-22]. http：//www.gov.cn/xinwen/2021-05/22/content_5610450.htm.

[51] 周沛 . 武汉市有序推进老年健康服务体系建设，216 家医疗机构开展"老年友善"医疗服务 [N]. 长江日报，2021-10-18.

[52] 襄阳市卫生健康委 . 襄阳：扎实推进老年健康服务体系试点城市建设 [EB/OL].（2022-07-11）[2021-06-22]. http：//wjw.hubei.gov.cr./bmdt/ywdt/lljk/202106/t20210622_3607890.shtml.

[53] 陈胜良，潘慧，高欣，等 . 健康养老养生产业模式创新——以广西健康养老养生产业发展为例 [J]. 经济与社会发展，2019，17(4)：35-41.

[54]Rothwell R， Zegveld W. Reindustrialization and technology[M]. London：Longman Group Limited， 1985.

[55]Hu F， Jin Y， Zhan X. A Study on Healthy Food Service Designing for Semi-disabled Elderly Based on SAPAD[J]. Procedia CIRP， 2019， 83： 506-512.

[56]Schulz R， Wahl H W， Matthews J T， et al. Advancing the Age and Technology Agenda in Gerontology[J]. Gerontologist，2015，55(5)：724-734.

[57] 宣华，郑晓瑛，赵晨 . 企业年金与老年健康产业良性互动的可行性分析 [J]. 中国卫生政策研究，2016，9(10)：72-78.

[58] 冯小溪，高书杰 . 辽宁省老年健康服务产业的对策研究——在"银色经济"视域下 [J]. 管理观察，2017(8)：116-117.

后记

本书是重庆市人文社科重点研究基地——医学与社会发展研究中心、重庆医科大学公共卫生学院省级重点学科支持的项目研究成果之一。本书整合了笔者近十年关于老年健康相关研究的所有研究成果，经过近2年时间的笔耕不辍和反复打磨，终于成功付梓。

在本书撰写过程中，得到了多方力量的支持和帮助，在此对他们表示真诚的感谢。感谢重庆医科大学公共卫生学院龚婉婷、杨佳捷、崔钰婷等同学，重庆市大足县民政局何强、四川省疾病预防控制中心严云鹰、重庆市第一社会福利院熊德伟副院长的无私帮助；感谢重庆医科大学省级重点学科公共管理学科为本书出版提供的政策支持，正是因为有了这些理解、支持和帮助，我的研究才能顺利开展，本书才能顺利出版。

本书在写作过程中参考了大量的国内外学术资料，在此，向作者们表示真诚的谢意。向为本书付出辛勤劳动的编辑们表示真诚的谢意。

尺之木必有节目，寸之玉必有瑕疵。尽管我竭智尽力，仍然不能避免某些观点、结论有失偏颇，甚至纰缪之处，敬请专家、学者、广大读者不吝指正！

陈菲

2022 年 7 月